我が子を上手に
導けるようになる
3週間チャレンジ

子どもを
壊さない
中学受験

ボーク重子
Shigeko Bork

Challenge of 3 Weeks
for Junior High School Entrance Exams

KADOKAWA

はじめに

非認知能力の育成なしに中学受験を乗り切るのは難しい

～親子で中学受験の真の勝者となるために～

「大人なら3日で音を上げる」ことをしているすごい子どもたち

感動すら覚える子どもたちの頑張り

子どもたちというのは、本当にものすごい存在だと思います。小さいからなんとなく大人の方がえらいような気がしてしまいますが、本当は子どもたちの方が大人より数倍も「大人」なような気がするのです。

中学受験に挑む子どもたちを見ていると余計にそう思えてきます。だって大人ならきっと3日で音を上げるようなことを淡々とこなし、小さな背中に背負った親の期待と希望を裏切るまいと必死で努力するのですから。たとえそれがどんなに大変でも、弱音を吐きたくても、「合格」を目指して受験当日まで走り続ける。自分のために、親のために。

大人なら3日で音を上げるかもしれない

大人の生活に置き換えて想像してみてください。朝8時から午後3時まで働き、少しの休憩を挟んで2つ目の職場に移動。そこで夜の9時まで持参したお弁当を食べながら働き、家に帰ってきてからも残業をするのです。さらに仕事に加えて職場の人間関係そして家族の両方ともうまくやりながら、毎日のように納期があり、しかも最終目標は達成できる人が3割という中での「絶対達成」という期待（義務）を背負っているという状況。

これと同じようなことを多くの中学受験をする子どもたちは小学校4年生〜6年生の約3年間、続けるのです。私など考えただけで「勘弁してください」と言いたくなるようなスケジュールです。

それなのに子どもは毎日重いランドセルを背負って学校で授業を受け、先生やクラスメイトとの人間関係をこなし、遊びたい盛りの頭を切り替えて今度は塾に行くのです。そこでまた学び、夕飯は家族の団欒とはほど遠い塾弁を食べ、塾の講師やクラスメイトと関わり、夜遅くに帰宅。でも、そこで待ち受けているのは宿題と親の期待そして希望。これを受験当日まで毎日毎日何年も繰り返すのです。

中学受験の真っ只中にいるとそれが「当たり前」のような気がしてくるのでしょうが、全然当たり前なんかじゃないし、そもそも小学生が週のほとんどを塾に行くだけで本当にすごい。そのひとことしかありません。

そんな毎日を乗り切るために必要なのは「学力」だけでしょうか？

頑張る子どもの頑張る親を襲う「百も承知！　でもできない‼」

この子どもたちの全ての頑張りが中学受験で最高の笑顔になること、そして、中学受験の経験がその後も続く長い人生を幸せに生きていく糧となることを願ってやまないのは親ばかりではないでしょう。塾の講師も、その努力が報われますように、とせつなる想いで授業をしていることと思います。

そんなポジティブな思いで始まった中学受験。だけど現実は？

ある調査では、中学受験をする子どもの親の悩みで多いのは「成績」「寝る時間が遅くなる」「親子喧嘩が増えた」「子どもの機嫌が悪い」「パートナーとの喧嘩が増えた」「受験が子どものためになっているのかわからなくなった」「宿題の量が多くてこなせない」「体力的に無理」という結果が出ています。また「子どもにやる気がない」などの悩みもあることでしょう。

なにかとセンセーショナルな話題を振りまく中学受験ですが、これら親の悩みは全て「家庭」で「親」がなんとかすること、と思われています。しかも「親」だからできるでしょう、という具合に。だからこそ親は周囲にアドバイスを求めるわけですが、返ってくる答えは至極真っ当なことばかり。

・「親の笑顔が一番。常に笑顔を意識してください！」
・「成績に一喜一憂しないように」
・「きちんと睡眠時間を確保してください」
・「見守る親になって大きな器でどっしりと構えて」
・「お子さんをありのままに受けとめて共感してあげてください」
・「パートナーと同じ目線で」
・「家族のチームワークが大事です」
・「体調管理は徹底してください」
・「やる気が出る声かけをしましょう」
・「夫婦喧嘩はいけません」　などなど

いずれも素敵なアドバイスなのですが、そんなことは百も承知。けれども、実際にやろうとしてもやり方がわからず悩んでしまう。でも、そうやって悩んでいる間にも中学受験という時計はティックタックとどんどん進んでいきます。そうしてイライラが募り、時に爆発し、自己嫌悪に陥り、子どもとの仲はギクシャクしてきて、パートナーとも険悪ムード。そこに追い討ちをかけるのが「合格」というプレッシャーです。

そして、それでもまだ足りない！　とでも言うかのように巷にあふれるのが中学受験情報です。子どもが言い出した受験か、親が言い出した受験かは問題ではなく、当事者親子になると否が応でもあらゆる中学受験情報に敏感になります。そして飛び込んでくる情報にポジティブなものは少なく、危機感を煽るようなものがほとんどなため、本来の中学受験の目的はどこかに吹き飛んでしまい、危険な沼にハマっていくのです。そんな沼にハマらないために必要なこととは、一体なんでしょうか？

悩む親を煽る「中学受験の現実」

最初から「不合格」を目指す受験はありません。誰だって「合格」したい。だけど現実は？

２０２０年度以降、私立中学校・公立中高一貫校受験者数は募集定員総数を上回っています。ということは、どんなに頑張っても希望の中学に「行けない」子どもがいる、ということです。加えて中学受験で第一志望に合格するのは約３割。トップ校の倍率は10倍になるところさえあります。

そして予想によると、今後中学受験は激化するらしいのです。２０２２年度の首都圏私立・国立中学受験者数は過去最多の５万１千名、受験率も過去最高の17・３％でした。このトレンドは今後も続き、２０２５年度、今の小学４年生が中学受験に挑む年に首都圏の中学受験者数はピークを迎えるとも言われています。

中学受験激化の背景にはコロナ禍で露呈したＩＣＴ（Information and Communication Technology）教育などにおける公立校と私立校の教育格差、２０２０年度の大学入試改革と２０１６年度から始まった私立大学入学定員厳格化に加えて、共働き家庭の増加に伴い、平均97万円にもなる私立中学の初年度納付金を支払える家庭が増えたことなどが挙げられるでしょう。少しでも良い教育と環境を与えたい、変わる大学受験への対応、また大学受験で苦労させたくない、教育は子どもの未来への投資で払おうと思えば支払える、などの親心から中学受験に挑む家庭が今後もますます増えていくことは予想でも予言でもなく、確実にやってくる現実のようです。

しかしそれに伴い親の悩みは募り、イライラと爆発、そして自己嫌悪を経て、なんとかたどり着いた「アドバイス」を実践してみても「うまくできない・いかない」。その結果、自分にますます不甲斐なさを感じてしまうことになりかねません。さらに子どもの成績は上がらず、宿題も終わらず、親の役目はどんどん増えていくのに周りの親子はちゃんとこなしているように見えてしまう。するとさらにイライラは募り、子ども主体の受験のはずがいつの間にか親の戦いのようになっていて……気がついたら、こんな言葉が頭をかすめるのです。

「子どもを壊してしまったらどうしよう」

「このままではこの子は壊れてしまうのではないか」

もしあなたがこんな考えに陥っていたり、陥りそうだったり、陥ったらどうしようと思っているとしたら、それは我が子を愛するがゆえなのです。

だからこそ、ぜひこの先を読み進めてくださいね。本書はそんな不安やモヤモヤに向き合い、親子で中学受験を最高の学びと成長と幸せを感じるプロセスにするための本です。そして勝者になるための本。それも「真の勝者」になる！　確率的にも精神的にも肉体的にも過酷で長い時間を費やす挑戦だからこそ、勝って欲しい。目標を達成して欲しい。それも、確実に。

「え？　そんなことができるの？」

そう思われる方も多いでしょう。本書では「親だからこそできることにフォーカスする」ことで親子揃って真の勝者になることを提案します。

親のための受験塾「受験×非認知能力」：子どもを壊さない中学受験の提案

親にだって塾が必要

中学受験をする子どもの学力の育成に塾や学校が必要なら、それを支える親にも塾が必要です。だって中学受験の子どもを支える子育てなんて誰も教えてくれないし、やったこともないし、聞こえてくるのは「怖い話」ばかりなのですから悩みは解決するどころか募るばかりです。それなのに「親だからできるでしょ」だなんて……。

でも安心してくださいね。ここに答えがあります。

「合格」にコミットするのが塾なら、親がコミットするのは「子育て」

中学受験塾の仕事は長年の経験と綿密な調査で、「合格」に必要なあらゆる情報、テクニックを持つこと。そして全力で子どもの学力の育成に努めます。塾は受験のプロとしてのノウハウで子どもの認知（学力）に最大の貢献をするのです。

では中学受験における親の仕事はなんでしょう。それは塾での学びを最大化するために、また精神面・健康面で最大のケアができるように子どもが安心安全を感じる環境を家庭内に作り出すことです。

塾にできないことが家庭に求められ、家庭でできないことを塾に求める。お互いがお互いの強みを最大に発揮したら、中学受験を親子で成長と学びを得られる最高のプロセスにすることができます。それを「合格」のひとことで表すこともできれば、「不合格でも大成功の受験」ということもできます。なぜなら塾と親の強みをベースにした連携の先には「頑張った自分」「信頼とリスペクトベースの親子関係」「やればできると思える自分」「頼れる仲間の存在」「結果を背負ってまた頑張れる自分」ができ上がっているからです。

親だからこそできる強みにフォーカスして、中学受験期間中のみならず受験後に続く人生を希望あるものにする方法を共有するのが私、ボーク重子の提案する

「子どもを壊さない受験」なのです。

「え？　こんな時はこうする、という答えを教えてくれるんじゃないの？」そう思われる気持ち、すっごくわかります。でも対処法には限界があります。なぜなら状況は千差万別で子どもはタイプ別などで語れるほど「同じ」ではないからです。それよりもどんな状況にも対応できる基礎力をつけることが重要です。そしてその基礎力が「非認知能力」なのです。

中学受験の期間に非認知能力を育成すべき5つの理由

一見相反するように思える中学受験と非認知能力

テストの点数や偏差値などいわゆる学力（認知）に対して、目に見えず数値化されない能力を総称して「非認知能力」といいます。そこには代表的なものとして自己肯定感・自己効力感（失敗を恐れずに挑戦する力）・自制心・主体性・やり抜く力・回復力・柔軟性・想像力・創造力・楽観性・共感力・協働力・社会性などが含まれます。

序章で詳しく説明しますが、学力オンリーと思える中学受験にこそ、実は非認知能力が問われる場面があります。そして、中学受験の期間に非認知能力を育成することが、その後の子どもたちの人生に大きなアドバンテージになる5つの理由があります。

理由その1：そもそも非認知能力の育成なしに中学受験を乗り切るのは難しい
理由その2：変わる教育と受験の先取り
理由その3：激変の社会で必須の能力を先取りする
理由その4：学力オンリーはすでに少数派
理由その5：すでに起きている非認知能力格差

本書を執筆したきっかけは「中学受験の結果が〝3割は勝者で7割は敗者〟と簡単に結論づけられるわけがない」という思いからでした。

光栄なことに非認知能力のパイオニアとしてこれまで講演会やコーチング、ワークショップを通じて、2万人以上の本当にたくさんの方の人生の伴走をさせていただく機会に恵まれてきました。そんな中で「自分が失敗したから子どもには失敗させたくない」「もっと○○していれば」という感じに、「自身の受験の失敗」や「子どもの受験の失敗」を引きずっていらっしゃる方が多数いました。

みなさん、プレッシャーのあまり子どもを過度に叱責して子どもを傷つけたことで自己嫌悪に陥っていたり、本当にこんなことを続けていていいのだろうか、と悩んでいたりしていました。また、子どもは子どもで志望校に合格しても勉強についていけていなかったり、その学校が実は向いていなくて受験後こそ大変な思いをしていたり、不合格を恥じていたり、親をがっかりさせたことで自責の念に囚われていたり……。

私にはあんなにすごいことを最低1年、長くて3年も続ける子どもたちが「敗者」であるわけがない！　やり抜くだけで立派な「勝者」だとしか思えないのです。そしてそれを支える親もやはり「勝者」だと思うのです。

そう思ったら「真の勝者」とは「中学受験の後も続く長い人生を自分らしい幸せと成功に導くプロセス」を身につけた子どもと親、そして家族なのではないかと思ったのです。

そんな確信から最大のパッションを込めて私が開発したのが、親のための受験塾「子どもを壊さない中学受験」です。

親のために受験勉強を頑張る子ども、そんな子どもを支える親であるみなさんに最大の愛と敬意を持って贈ります。さあ、ここからは私がコーチングの知識と経験を生かし、「コーチ重子」として、みなさんと一緒に非認知能力を育み、最高の学びと成長を感じる幸せな中学受験のプロセスを作っていきます。そして、家族という世界最小にして最強のチームで本当の勝利を手にしましょう。

大丈夫。あなただからできる。愛する我が子のためにこの本を手に取ったあなただから。今のあなたに必要なのは親のための受験塾「子どもを壊さない中学受験」の始まりに「ワクワク」することだけです。

Are you ready?

OK, let's do it!

ボーク重子

目次

CONTENTS

第1章

Week 1 非認知能力を育む①
どうしたら子どもの力を最大に引き出す声かけ・行動ができる？
～子どもを成功と幸せに導くために、まずは自分に向き合う7日間～

第2章

Week 2 非認知能力を育む②
どうやったら受験を支える子育てチームになれるのだろう
～中学受験を成功に導く子どもへの声かけ、その前哨戦となる7日間～

第3章

Week 3 非認知能力を育む③
家族というチーム力で勝つ
～家族というチーム力が中学受験を真の成功と幸せに導く！ 本番の7日間～

終章

『中学受験×非認知能力』の実践が作り出す「あること」
～中学受験が作り出す「人生を幸せと成功に導くプロセス」～

おわりに

「勉強なんかして、いいことあるの？」子どもにこう聞かれたら
～究極の質問～

カバーデザイン　装幀新井
イラスト　SHIMA
DTP　山本秀一、山本深雪（G-clef）
校正　鷗来堂
編集協力　知野美紀子（Lighthouse Editing）
取材協力　広野雅明（SAPIX）、竹中孝二（早稲田アカデミー）

序　章

『受験×非認知能力』のための非認知能力育成法

～求められる能力の変化に
柔軟かついち早く対応して真の勝者になる～

中学受験で問われる“非認知能力”

ここから21日間のチャレンジが始まります

Ｗｅｅｋ１、Ｗｅｅｋ２、あなたは「大変！」「うわー」と思うことでしょう。これまで学ぶ機会のなかったことに触れるのだから、「難しい」と思うこともあるでしょう。でもそれは全てＷｅｅｋ３で学ぶ子どもの自己肯定感、自己効力感、自制心や主体性を育む声かけができる親になるための時間です。その声かけが子どもの非認知能力を高め、人生１００年時代を生き抜く真の勝者を育みます。

Ｗｅｅｋ１、Ｗｅｅｋ２を飛ばしていきなりＷｅｅｋ３から始まるのが通常の「声かけ」本ですが、声かけは単なるツールです。誰が使うのかで変わってきます。自己肯定感、自己効力感、自制心や主体性の高い親が使うのか？ 低い親が使うのか？　で結果は変わってきます。

本書のWeek1、Week2はツールを使うあなたを鍛える2週間です。愛する我が子のためだからこそ、決して飛ばせない2週間。そこを乗り越えた先には最高に素敵な自分で声かけというツールを使えるようになっていることでしょう。

では早速3週間チャレンジを始めましょう。

非認知能力とは

どんな能力か

まずは、非認知能力とは一体何かについて説明したいと思います。非認知能力とは2000年にノーベル経済学賞を受賞したジェームズ・ヘックマン教授の「ペリー就学前児童プロジェクト」の研究で、「人生の幸せと成功に大きく寄与する」

と言われ注目を集めた能力です。点数や偏差値のように数値化されない能力で、自信・自己肯定感・自制心・主体性・柔軟性・回復力・やり抜く力・好奇心・コミュニケーション力・共感力・協働力・社会性などが含まれます。これに対してテストの点数や偏差値など数値化できて目に見える能力を「認知」と言います。

非認知能力が学力を支える

非認知能力の重要性を話す時に最も引用されるこの「ペリー就学前児童プロジェクト」で、ヘックマン教授は「学習意欲、労働意欲、努力や忍耐などの非認知能力を高めることで、高所得を得たり、社会的に成功したりすることに貢献している」としています。この主張は、ヘックマン教授が自ら行ったプロジェクトの結果に基づいています。

この研究は1962年から1967年にかけて経済的に同様の環境にある（経済的に恵まれない）3歳から4歳の子どもたち123名を就学前に教育を受けさせるグループと受けない2つのグループに分けて行ったものです。同じような経済環境にある子どもの間に教育的な環境の有無によりどんな変化があるかを40年にわたって追跡調査した研究です。具体的には以下のようなグループに分けました。

・グループ1：午前中は週5日学校で教育を施し、午後は週2日先生が家庭訪問することを2年続けた
・グループ2：就学前教育を受けない、従来と同じ方法で子育て

その結果、グループ1はグループ2に比べて40歳の時点で高校卒業率、持ち家率、平均所得の全てにおいて上回っており、婚外子を持つ比率や生活保護受給率、逮捕者率も低いことがわかったとしています。

この結果からどうして「社会的成功にはIQや学力といった認知能力だけでなく、非認知能力も不可欠である」という結論を導き出したかというと、「6歳の小学校入学時にはグループ1の学力はグループ2より上回っていたのが9歳の時点では同じになった。それなのにこれだけの差が将来的に出るということは、学力以外の〝何か〟が関与しているに違いない」ということからです。つまり、早期教育を施した環境では、ある一定の年齢までは学力の伸びはもちろん見られるの

ですが、それ以上に教育がある環境がもたらす〝何か〟、つまり非認知能力が子どもの進む将来の道をより明るい方へ導いてくれるということなのです。

これ以外にも２００８年から11年までアメリカ政府の助成金でバージニア大学が行ったUVA Responsive Classroom Efficacy Studyなどがあります。ＵＶＡの調査によると非認知能力を育む教育ＳＥＬ（Social Emotional Learning／社会情緒的教育／Ｐ56）を取り入れたクラスでは以下の結果が見られたとしています。

・子どもの経済的背景による違いはなく効果があった
・数学の成績の悪い子により効果が見られた
・クラスの雰囲気が良くなった
・先生、生徒ともに共感力が増した
・もっと勉強に積極的になった
・学力が上がった

中学受験後にも欠かせない非認知能力

自己肯定感 Self esteem	どんな時も自分に価値を見出す、大切にする力
好奇心・探究心 Curiosity	これなんだろう、と知らないことに興味を持つ力
主体性 Initiative	自らやる力（言われていないことでもやりたいからやる、自分にとって意味があるからやる）
自己効力感 Self efficacy	失敗を恐れずに挑戦する力
柔軟性 Flexibility	一つの正解に固執せず機能しない考えは捨て、新しい考えや行動を採用したり考えたりする力
自制心 Self control	状況に最適な責任ある意思決定をして行動する力
楽観性 Optimistic	未来に対する明るい見通しがある、今は悪くても変えられる・変わると希望を持つ力
回復力 Resilience	困難やストレスに対処して気持ちを立て直すことができる力
やり抜く力 Tenacity	困難にぶち当たっても投げ出さず諦めず粘り強く最後までやる力
共感力 Empathy	他者の立場に立って思いやれる力
協働力 Collaboration	協力して共通の課題に向かって取り組む力
社会性 Social awareness	良好な人間関係を構築し、社会の役立つ責任ある一員となる力

ここでも非認知能力の育成が学力を支えることが見てとれます。

非認知能力は認知能力以外のたくさんのことを含むのでかなりの数になるのですが、その中でも中学受験で特に重要と思われるもの、そして、中学受験後の人生に欠かせないものを12選んでご紹介しています（P31）。

英語と非認知能力・認知力の関係

非認知能力と認知能力の両方が大切だということを理解するのには、「英語を話せますか？」という例を使うのが最も伝わりやすいかと思います。日本の認知教育は世界的に見ても素晴らしいものです。これは私が言っているのではなく、経済協力開発機構（OECD）が3年に一度実施するPISAと呼ばれる国際的な学習到達度に関するテストで日本が常に上位にいることから見てとれます。

私は今年で英語圏の海外生活が30年になりますが、そこで思うのは「日本で中学まで勉強していれば日常会話に必要な英語の文法と単語は十分に身につけている」ということです。ですが多くの方が「英語に自信がない」とおっしゃいます。言葉は文法と単語で通じます。それなのにどうしてなのでしょう？　確かに「話す機会がない」「必要がない」など機会に関する事情はあるでしょう。でもそれすらも非認知能力があれば問題でもなんでもありません。

・話したいと思う**好奇心**と**主体性**
・通じなくてもなんとかしようと思える**自己効力感**と**楽観性**と**柔軟性**
・話す機会を探そうとする**探究心**と**主体性**
・通じなくても凹まない**自己肯定感**と**回復力**
・通じなかったらどうしようという不安を払拭する**自己効力感・自己肯定感**
・他の国の人のことを知りたいと思う**好奇心**と**社会性**

これがあればきっと英語を話す機会を自ら探し出してくるでしょう。コロナ禍でオンラインなどの講座が増えたこともあり、さほど難しいことではありません。

反対に非認知能力だけあっても、英語の文法と単語という認知がなければ話すことはできません。どんなに情熱があっても文法と単語を知らなければ、伝わるのは情熱だけです。情熱が伝わるのも重要ですが、コミュニケーションの基本は「伝達・受領」です。

学力オンリーがダメなら、非認知オンリーもダメ。想定外なことにあふれる激変する社会で人生を切り開いていくには「認知＋非認知」が重要なのです。

『受験×非認知能力』が必要な5つの理由

非認知能力の重要性に伴い変化する世界と日本の実情

5つの理由

今の子育て世代は「非認知能力が重要だよね」と言われる前の世代です。だからこそ非認知能力の重要性に懐疑的になる気持ち、すごくよくわかります。ですから非認知能力の育成法を共有する前に、ぜひともみなさんに考えていただきたいことがあります。考えることで『受験×非認知能力』を実践している時に、身につけようという気持ちがより強くなりモチベーションが維持できるからです。
これからの21日間で「やめたいな」「面倒」「今日は疲れた」という時は、次からの5つの理由に戻って来てくださいね。きっと自分で自分の気持ちを立て直して、本書を手に取った時の初心に戻ることができるでしょう。

理由その1

そもそも非認知能力の育成なしに中学受験を乗り切ることは難しい

学力を支える縁の下の力持ち

「はじめに」で少し触れましたが、ここで詳しく説明したいと思います。まず中学受験に必要と思われる能力は以下の7つが考えられます。

規則正しい生活を通して体力を高めつつやり抜くためには、毎日の努力も「受

学力を支える6つの能力チャート

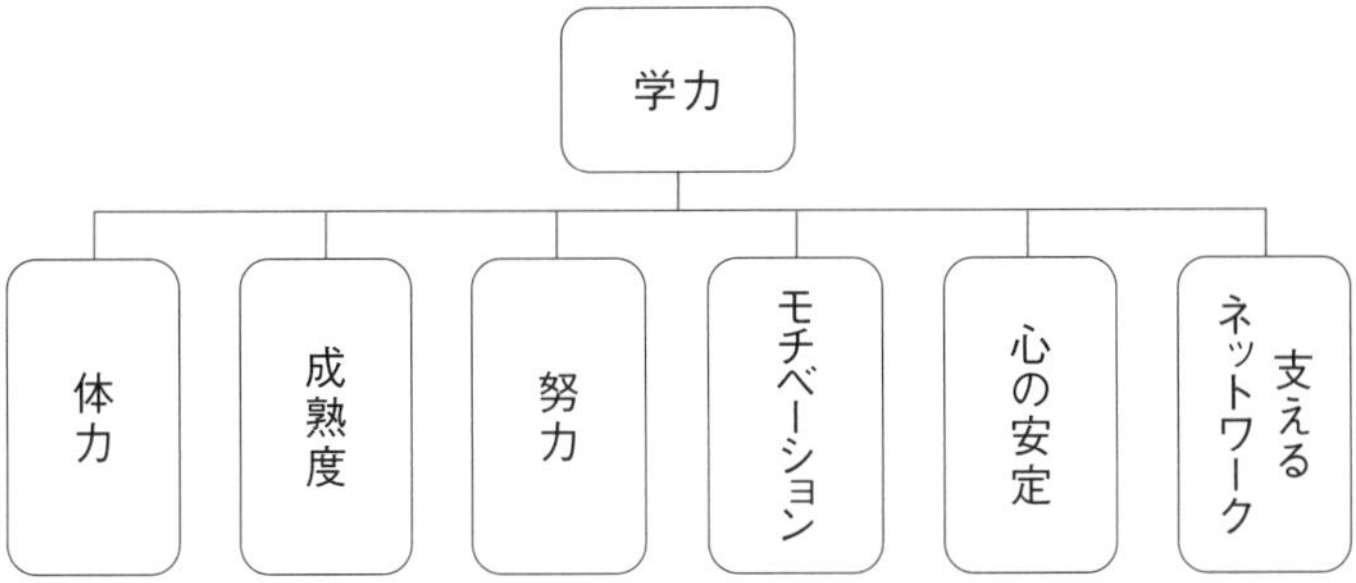

験」を自分ごとにしてそこに意味を見出す成熟度も必要です。そして「やる気」を持続させるモチベーションはもちろんのこと、やりたくない時もやるべきことをやって、テストの点数にめげても気持ちを立て直し、点数が良くても怠けず、周りがどんな評価をくだしても自分を大切にするなどの心の安定が要求されます。そしてそれを支える家族というネットワークも必要です。

実は学力はその一部
それ以外は全て「非認知能力」

チャートを見てもわかるように、学力以外は子育てが強みを発揮できる領域。つまり親が強みを発揮できるところ、するべきところです。中学受験で問われる学力以外の能力をさらに詳しく文章化してみるとこうなります。

・わからない問題にぶち当たっても粘り強く、諦めない
・柔軟な思考と想像力で問題解決を図っていく
・感情と行動をコントロールしてやるべきことをやるべき時にやる自制心
・「どうせ無理」より「やってみなくちゃわからない」と挑戦する自己効力感
・新しいこと、知らないことに興味津々で学びを楽しむ好奇心と主体性
・凹んでも気持ちを立て直せる回復力
・テストの結果や他者の評価にかかわらず自分を大切にする自己肯定感
・一つがダメでも他の選択肢を考えられる柔軟性
・受験を自分ごとにする主体性とモチベーション
・自分の気持ちを伝えるコミュニケーション力
・自分以外の他者を思いやれる共感力
・切磋琢磨する良好な人間関係を築ける柔軟性と共感力
・規則正しい生活を続ける自制心

・家族との感謝とリスペクトそして信頼ベースの協働力

「学力を支える6つの能力チャート」（P37）をみると、学力以外のことが総崩れではその学力を最大に発揮できないことは一目瞭然かと思います。中学受験を支えるために親子で非認知能力を育成することで塾や学校での学びを最大化する構図が明白になります。

反対のケースも同様に文章化してみますね。

・解けない問題をすぐに投げ出す
・やる気がない
・言われないと勉強しない
・ゲームをやめる時間になってもやめない
・失敗したくないから、知らないこと・やったことのないことには手を出さない
・想定外に遭遇すると途方に暮れる、立ち往生

・点数が悪いと凹んでメンタルを立て直せない
・自己中で感情のコントロールが難しい
・受験は「言われたからやる」
・一つの正解に固執して選択肢を考えられない

たとえいわゆる「地頭」が良かったとしても、非認知能力なしには塾や学校での学びを最大に発揮させることは難しいことがわかります。

親が自分の非認知能力を鍛えるとどうなるか？

中学受験で必要とされる非認知能力の子どもバージョンを、親バージョンにするとこうなるかと思います。

・他者の評価に振り回されずに、我が子をあるがままに受け止められる
・子どもを信じられる
・子どもが失敗を恐れずに挑戦できるよう応援できる

・感情と行動をコントロールして、言ってはいけないことを言わない自制心がある
・子どもの声に耳を傾ける共感力がある
・子どもの好奇心と主体性を応援できる
・成績に一喜一憂しない自制心と回復力がある
・自制心と自己肯定感で、他者と我が子を比較しないようにできる
・柔軟性と楽観性で、一つがダメでも他の選択肢を考えられる
・自分の気持ちを伝えるコミュニケーション力がある
・自分以外の他者を思いやれる共感力がある
・パートナーや子どもと良好な人間関係を築ける柔軟性と共感力がある
・規則正しい生活を続ける自制心がある
・感謝とリスペクト、そして信頼ベースの家族の〝協働力〟を構築する力がある

これを見ると親子で非認知能力を高めるからこそ中学受験を乗り切れる、と思いませんか？　反対に非認知能力が健全に育まれていない場合、行き着くところ

は「子どもを壊す受験」になってしまう可能性が高いのではないでしょうか？

理由その2 変わる教育と受験の先取り

今後の教育、受験の対応を先取りする

激変する社会の影響を受けて子どもたちに求められる能力が変わってきています。それを受けて大学受験が変わり、出される問題も非認知能力が育まれていないと回答できないような問題が増え、その先取りとして中学受験の問題も同様に変わってきています。

中学受験の問題自体が変わってきていることに関して取材をした大手中学受験塾「ＳＡＰＩＸ」の広野雅明先生は、従来と今の中学受験の問題の違いを「いわゆる昔の、解法の暗記や山ほどの知識の暗記、例えば社会だったら細かい年代であるとか、あるいは農作物の順位をいくら覚えているかということも、もちろん

大事です。中学入試を受験する上で必要な知識であるとか、必要な解き方が備わっている上で、さらに別の能力が要求されているのが現状です」と説明されています。

広野先生はさらにそこで出題される問題に関してこんな例を話してくださいました。

「2022年度の慶應義塾湘南藤沢中等部の入試で、2021年オリンピックのソフトボールの試合をテーマにした記述問題が出題されました。予選の第4戦まで日米が全勝していて、この段階で第5戦と決勝戦は全勝同士の日米と決まっていた。この時あなたが第5戦の監督だったらどう臨むか、という設問だったのです。この問いには正解はないんですよね。いずれにしても決勝戦には進むのだから、第5戦は勝ちに行ってもいいし、決勝戦に備えて負けにいってもいい。監督として自分がその方針を試合前の選手に何と伝えるかというような、自分の考えを書かせるような問題が出てきたのです。いわゆる正解がない問題ですよね。

昔に比べると、細々とした知識などを覚えることはしないで済むようになり、子どもたちは書くこと考えること、などを楽しむことができ、なおかつ楽しんだことによって、合格に近づくことができる。そういう時代なのかなと思います」

つまり、学力だけでは点が取れなくなってきているのです。それ以外の粘り強さや学びを楽しむ好奇心と主体性、失敗を恐れないチャレンジ精神、解決策を考える柔軟性や想像力、時事問題に興味を寄せる共感力や社会性などが必要になっています。つまり中学受験は学力オンリーから「認知（学力）＋非認知能力」へシフトしているといえるでしょう。

理由その3 激変の社会で必須の能力を先取りする

でも本当の先取りは？

最も重要な「先取り」は今の子どもたちが大人になった時に必須となっている非認知能力の先取りなのです。

今の小学4年生が高校を卒業する2030年はグローバル化・多様化がいっそ

う加速しているでしょうし、ＡＩ化もますます進んでいることでしょう。将来的には今ある仕事の49％は機械にとってかわられる、というオックスフォード大学のマイケル・オズボーン教授の有名な研究結果がありますが、それが現実味を帯びるほどさまざまなところで作業が機械化しています。そんな社会ではこれまでの成功法則は役立ちません。

人間だからこそできること

当然のことながら「なんとかする」ために社会で求められる能力も変わってきています。これまでの「人より速く、人より多く、人より正確に」知識をインプット・アウトプットしたり、効率的に作業をこなしたりする能力から、今後は人間だからこそ正解のない問題に向き合う能力が求められているのです。

・ますます加速する変化の波を乗りこなすために必要な**回復力**や**やり抜く力**
・激変の時代に日常的に遭遇する想定外への**臨機応変**な**問題解決能力**
・グローバル化、多様化で**柔軟**な対応力や違いを乗り越えての**協働力**

・グローバル化、多様化でますます加速する競争社会を生きる**ストレス耐**性
・グローバル化、多様化でさらに重要となる**共感力**ある**コミュニケーション能力**
・学歴が絶対ではなくなる社会で自分の能力で**生きていく**力
・指示出ししてくれる人がいない社会で自ら行動していく**主体性**
・正解のない問題に答えを見つける**好奇心**と**探究心**
・激変の社会で必要とされ続けるために学ぶことを**楽しむ力**
・何があっても**諦めず**自分で**人生を切り開いていく力**
・自分よりも優秀な人はいつでもどこにでもいる中で**自分を大切**にして生きる力
・この先も続く人生100年のレースを**生き抜く力**
・**楽観性**でクヨクヨしない力
・1人で完結する作業が減少する中で他者の立場に立ち、思いやる**共感力**や**社会性**
・0から1を作り出す**想像力**と**創造性**
・責任ある意思決定・行動を可能にする**自制心**

これらは何も新しい能力ではありません。ただ、これまでの社会では特に重要

視されてきませんでした。なぜなら変化の少ない安定した時代では一つの成功法則が機能していて、これらを育む必要があまりなかったからです。でも今は安定とは反対の激変の時代。そこで必要とされるのが非認知能力です。

理由その4

学力オンリーはすでに少数派

衝撃！　学力オンリーはすでに少数派

２０２３年度の大学入学者の半数以上が総合型選抜入試で入学しています。この状況を見てもわかるように、学力オンリーはすでにマイノリティーなのです。

総合型選抜入試で最も大切なのは「尖った」部分です。それはつまり「自分は誰で、何がしたくて、そのために何をしてきて、今後どう社会の役に立っていきたいか」を主張できる学生です。

総合型選抜入試専門の塾も誕生しており、東京大、早稲田大、慶應義塾大をはじめ、並いるトップ校に合格者をたくさん出しています。そこでは入試に必要な小論文をはじめ、面接の練習、論理的思考によるディスカッションの訓練などがかなりのハイレベルで行われています。見学に行った際に感じたのは、非常にグローバル社会のスタンダードにマッチしているなと言うことでした。

「認知＋非認知」を重視する一歩先ゆく学習塾の出現

40年以上の歴史を持つ学研教室では、塾業界で初めて「認知＋非認知」を打ち出しています。実際、2023年度から全国に7000名以上いる指導者と学研教室を運営する学研エデュケーショナルの全社員向けに「非認知能力の育成」というリスキリングに着手しています。

未来を生きる子どもを育むことが目的の学研教室では、学力に加えて生きる力を育てることが激変の未来を生きる子どもたちにとって欠かせない能力との信念から、指導者向けの研修として「認知＋非認知＝生きる力を育む学研教室」非認知能力育成プログラム（ボーク重子開発）を採用しています。教育の世界はこれからますます認知オンリーではなく「認知＋非認知能力」にシフトしていくことでしょう。

ここまで聞いていかがでしょうか？　非認知能力に対する懐疑的な気持ちは薄らいできましたか？　さぁ、次が仕上げです。日本国内ですでに起きている非認知能力に対する教育格差についてお話ししましょう。

理由その5　すでに起きている非認知能力格差

グローバル社会vs日本の現状

アメリカにおける非認知能力の育成を推進するCASELの設立のほか、2015年OECDの報告書にはアメリカ、イギリス、スェーデン、ノルウェイ、カナダ、など9カ国から「社会情緒的教育（SEL）」（P56）は学力向上・幸福度向上・生きる力の習得に役立った、という結果が報告されています。またシンガポール、メキシコ、インドネシアでも非認知能力を育成するプログラムが実施されているとしています。グローバル社会は日本よりもだいぶ前に学力オンリーから「認知＋

非認知能力」にシフトしているのです。

そうした国々で非認知能力を小さい頃から育まれた子どもたちと日本の子どもたちは、協働・競争していくことになるのです。２０２０年の教育改革で日本も非認知能力の育成に言及していますが、20年以上の差を考えると、一刻も早い普及が必須です。

日本国内で起きている非認知能力格差

グローバル社会vs日本という格差だけではなく、日本国内でもすでに非認知能力育成への格差は広がっています。なぜならすでに、それもだいぶ前から非認知能力の育成に着手しているところは日本にもあるからです。

ウェブサイトを見れば顕著ですが、例えば慶應義塾幼稚舎や麻布、開成などは随分前から非認知能力の育成を行っていることがうかがえます。というより、これらの学校はそもそもの出発点が「認知＋非認知」の育成なのです。これは近年大人気の渋谷学園や広尾学園も然り。また最近では軽井沢風越学園が非認知的な部分を育む教育で注目を集めていますよね。「共に時代を創っていくチェンジメーカーを育む」ことを謳う日本初の全寮制の国際高校ＵＷＣ ＩＳＡＫ ＪＡＰＡＮも同様です。

昨今のインターナショナルスクールはブームと言っていいほどの人気ですが、そこでは学力だけではなく非認知能力の育成にも力を入れるＩＢプログラムを採用しているところも増えています。こういった教育方針も、その人気の一端を担っているのかもしれません。また、特に幼児教育の分野では「非認知能力の育成」を謳ったところが増えてきています。

スポーツで顕著な非認知能力へのフォーカス

それだけではありません。特にスポーツの世界では監督たちが「非認知能力」を大切にしてきたのがうかがえます。

２０２３年夏の甲子園で１０７年ぶりに優勝した慶應義塾高校では監督からの

命令・指示というトップダウンではなく部員の自主性を重んじた「考える野球」を重視しています。森林貴彦監督は「エンジョイ・ベースボール」の下「任せて・信じ・待ち・許す」という見守りを徹底しているそうです。これは選手の自己決定、協働力、責任感を高め、共通の目的に向かってやり抜く力を高めます。また「選手の自主性に任せない方が勝利には近いかもしれないが、それでは選手のためにならない」と従来のトップダウン型の指導を一蹴しています。優勝できたのは個々の技能もあるでしょうが、個々をつなげ、強いチームにした非認知能力によるところが大きいのではないでしょうか？

決勝戦で対戦した仙台育英高校の須江航監督も自身の著書で「幸福度の高いチーム作り」のために選手たちに自主的にいろんなことを決めさせることを実践していると書いています。またアメリカのある有名な監督は「スポーツで技能は1割、メンタルが9割」と言っています。それくらい認知を支える非認知能力の部分が大切なのです。

これ以上遅れをとらないために

非認知能力の育成を掲げる学校や塾、コーチとつながりのある人とない人との間には、すでに国内においても非認知能力の育成に格差が生まれていると言って良いのではないでしょうか？　残念ながらそれが現在の日本の実情です。

いかがでしょう？　非認知能力にまつわる世界、そして日本の現状を知ると、中学受験を学力だけではなく、今後の人生で真の勝利を掴むためにも非認知能力育成の機会にしたい！　そんな風に思えてきたのではないでしょうか？

親のための受験塾「子どもを壊さない中学受験」について

非認知能力育成のベースとなる2つの基本理論

本書の使い方

本書は一日一つのワークブックがあります。それを書き込んだり、話し合いながら使うようになっています。まずは「はじめに」と「序章」を読む。できれば一度に読んで下さい。次にDay1からDay21まで3週間毎日一つずつやりましょう。設問によってはすでにできるものがあるかもしれませんが、飛ばさず全部やって下さい。

毎回提示されるワークにどれだけ考えるかにもよりますが、20分から30分くらいでできるように構成してあります。でも大事なのは「考えすぎる」ことではなく、むしろ「直感」でぱっと答えていくこと。なぜならそこに自分の正直な答えがあるからです。私たちはつい考えすぎると見栄えの良い答えにしがちです。直感に従い正直に答えることでまずは自分の現状を知り、そこから「ではどうするか」と問題解決に向かいます。そして問題解決のために記載してあるスキルを実践する。決して難しいことはありません。

親のための受験塾、ベースとなる2つの基本理論

非認知能力育成の実践者として、また経験豊富なベテランライフコーチとして本書で共有するコーチ重子開発のスキルは、全て以下2つの基本理論と方法論を組み合わせて構築されています。

・SEL（非認知能力育成の理論）
・コーチング（目標設定・目標達成の方法）

基本理論①　SEL（Social Emotional Learning）

非認知能力を育む教育のSELでは、Self-Awareness（自己を認知する能力）、Self-management（自己を管理する能力）、Social Awareness（他者を理解する能力）、Relationship skills（関係性を維持構築する能力）、Responsible decision making（責任ある意思決定をする能力）という5つの能力を伸ばしていきます。これら5つの能力は研究でその効果が証明されており、SELはアメリカの公教育で取り入れられている理論です。

基本理論②　コーチング（Coaching）

コーチングの基本はアメリカで1960年代に体系立てられましたが、「目標設定・目標達成」のプロセスを助けることで、確実に目標達成に導く仕事です。ここで最も大切なのは目標設定になります。なぜなら自分にとって本当に意味のある目標を設定することは意外と難しいからです。

私たちは往々にして「みんながやっているから」「そういうことになっているから」「言われたから」「安全そうだから」と他人軸で目標を設定しがちです。この他者と比較をして作った目標は自分にとって本当に意味のない場合も多く、そうすると目標達成のためにやり抜くことが難しいという問題が起こります。またやり抜いても他人軸で作られた目標なので達成感をさほど感じない。感じたとしてもそれは一瞬の幸せで、その後結局「私の人生は、なんだったのだろう」となるのです。

もう一つ目標設定でありがちなのが、自力で達成できない、運や誰かの助けがなくては達成できないことを目標に設定しがちだということ。

「合格」は残念ながらこの範疇に入ります。なぜならその日の問題、採点する人など、自分ではコントロールできない要因が関係してくるからです。いわば「運」。模試などである程度予想がつくとはいっても、それすら自分では決められません。

人生を前に進める目標設定は「自分にとって本当に意味のある目標」を設定し「自力で確実に達成」していくことです。そして、みなさんの目標は「子どもを壊さない中学受験」。これには運も他力も必要ありません。自分がやると決めて、実行し、やり抜く。そしてそれらは全て自分次第です。だからこそ本当に目標達成したければ、できるのです。そして使う手段は上記2つの理論をベースにした非認知能力育成のパイオニアでライフコーチの私が共有する数々のスキルです。

本書を通してみなさんは、従来の「認知（学力）オンリー」とは違った考え方や知らなかったことに出会うでしょう。それによって従来とは異なるこれからの中学受験に向き合うための「非認知能力」という思考と行動の習慣を身につけていきます。習慣を変えるには最低21日かかると言われます。だからこそ本書は「3週間チャレンジ」に設定しています。さあ、21日後にあなたはどんな自分に出会っているのでしょうか？　そして、一緒に頑張ったパートナーや子供には、どんな変化が訪れているでしょう。でもチャレンジをしようと決意した際に、もしかしたらあなたの脳裏には次のような疑問が湧いてくるかもしれません。

「私にできるのか」と……。

非認知能力の有無は生まれつき？ 非認知能力を育成する5つの基本

基本中の基本その1

「非認知能力」は生まれつきのものなのか？

いつからでも伸ばすことができる

中学受験を乗り切る子どもは学力に加えて非認知能力の全てをすでに持って生まれた子どもなのでしょうか？　でもそんな子どももっているのでしょうか？

私はそうではないと考えています。もちろん生まれつきの特性に影響される部分もあるでしょうが、これらの能力を育む環境を整えることで、後から伸ばしていくことができるのが非認知能力です。0歳から10歳が最も育まれやすいということではありますが、それを過ぎたって十分伸ばせます。私自身、35歳になって初めて非認知能力に出会い、育成を始めたくらいですから。とはいえ子どもよりはちょっと時間がかかりますが、大丈夫。「非認知能力」は年齢に関係なくいつからだって育むことができます。

基本中の基本その2
モデリング

モデリングとは

2つ目は非認知能力育成の最大の基本「モデリング」、つまり疑似体験です。非認知能力を育成する学校教育で最も大切な理念がこのモデリングにあります。

先生がやり方のお手本（モデリング）を見せて子どもたちに「みんなはどう思う？どんなふうにやってみる？」と興味を引き出します。そうして子どもたちは先生のやったことを見様見真似でやっていく。それも「ワクワク」しながら。そうすることで学びが身につきやすくなります。

従来、「人は自ら体験することで学ぶ」と言われてきましたが、それに待ったをかけたのが困難な状況に直面しても、「自分ならそれを乗り越えて達成できる」という自己効力感を提唱したことで有名なアルバート・バンデューラ博士の「ボボ人形の実験」（幼児の観察学習「モデリング」の実験）です。

ボボ人形をいじめているところを見せた親と、反対に大切にする姿を見せた親のそれぞれの子どもはその後どのような態度を取るかを観察したものですが、子どもはお手本役の大人同様の態度をとったという結果が出ています。「人は擬似体験からも学ぶことができる（モデリング）」ことが証明されたのです。つまり子どもは親や周りの大人のやることを見て育つのです。

＊実験や研究には反論、反対意見が出ます。特に心理的な研究は新しい分野であることからもこの傾向にありますが、本書で引用している実験や研究結果は一般的に普及しているものを採用しています。

基本中の基本その3

親ファーストで非認知能力を高める理由

まずは親から始める

まずは親が自分への向き合い方を変えて、自己肯定感を高め、主体性を発揮し、自分の感情と行動をコントロールするお手本（モデリング）になります。次に子育てをする同志であるパートナーと良好な人間関係のお手本となります。そんなロールモデル（モデリングする人）を見ることで子どもは真似をしていきます。なぜなら子どもは親のすることを必死に観察しているからです。

非認知能力の高いロールモデルを真似することで、子どもは自分を大切にし、失敗を恐れずに行動し、自分でできる子になり、自制心で自分をコントロールできるようになり、良好な人間関係を築いていくのです。

ロールモデルの存在が子どもを真の幸せと成功に導いていきます。だからこそまずは親（Week1）、次にパートナー（Week2）、そして最後に親と子どもの家族（Week3）という順番で非認知能力を身につけるのです。

基本中の基本その4

非認知能力を育む環境作り

環境を作れるのは親だけ

子どもにはものすごく能力があります。でも自分で自分が育つ環境、つまり子育ての環境を作ることだけはできないのです。この環境を作ることができるのは親だけです。

では、非認知能力を育む環境とは、一体どんな環境なのでしょうか？　それは心理的安全性が担保された環境です。

心理的安全性（Psychological safety）が担保された環境でこそ子どもの非認知能力は高まる

心理的安全性は１９９９年にハーバード大学の組織行動学の研究者、エイミー・エドモンドソン教授が提唱したPsychological safetyを和訳した言葉です。

心理的安全性が担保された組織の中では自分の気持ちや考えを恐れることなく言え、失敗を恐れずに行動できると言われています。なぜなら「存在と価値が肯定され、個人の成長と会社・社会への貢献が感じられ、縦社会ではなく横の繋がりで越境でき、信頼ベースでの繋がりを感じる」環境だからです。

では心理的安全性が担保された家庭環境とは一体どんな環境なのでしょうか？

左の表を見てみましょう。

心理的安全性の有無による家庭環境の違い

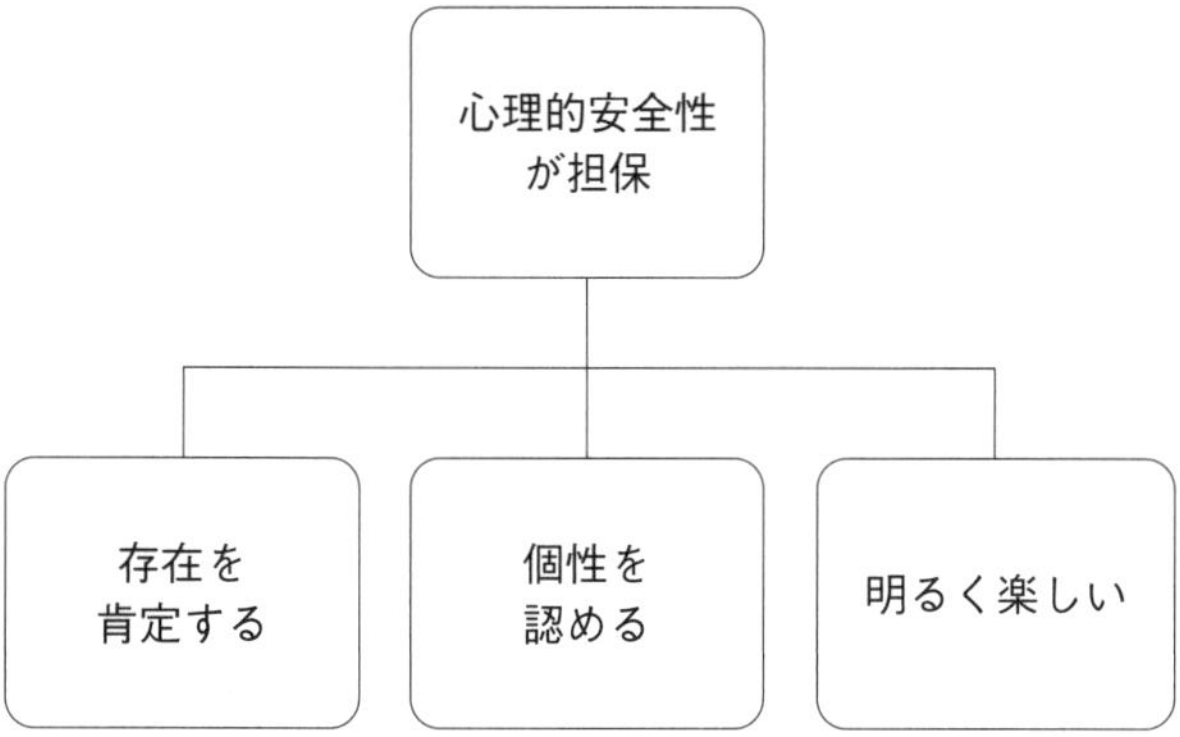

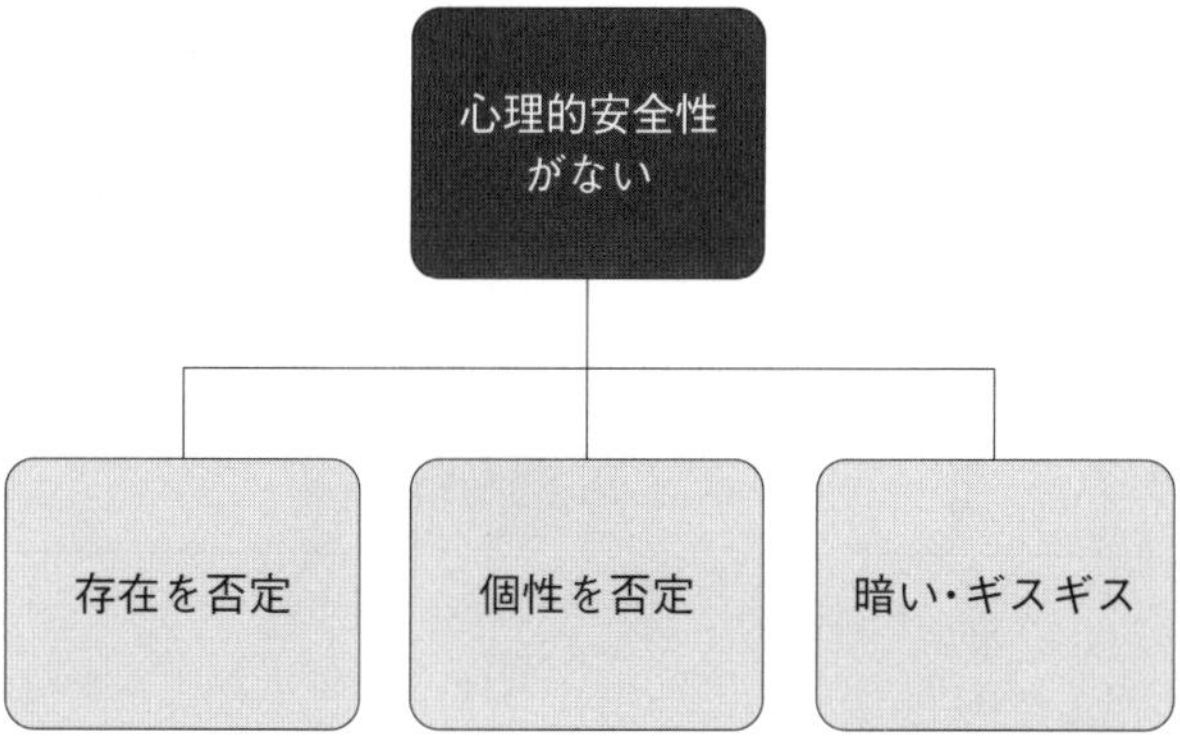

基本中の基本その5

NGとDOの徹底

機能しない思考と行動のクセをやめ、機能する新しい思考と行動の習慣に書き換える

非認知能力を育むために目指すのは心理的安全が担保された環境とお伝えしました。そしてその環境を作るためにはNGとDOの徹底が必要です。これまでモデリング、親ファーストなどで非認知能力を高める理由から、非認知能力を育む環境作りの必要性までを学んできました。最後は環境作りのための3つのNGと4つのDOを理解し、実践することです。

・徹底①（NG・やめる）心理的安全性を脅かし非認知能力が育まれにくくなる習慣を見直す

・徹底②（DO・始める）心理的安全性を担保し非認知能力を育成する新習慣を取り入れる

毎週7日間で、これらが一体どういうものかを学んでいきます。

大丈夫、あなたならきっとできる

ここからワークが始まりますが、みなさんがやることはNGとDOを理解し、実践することだけです。この二つを徹底することで心理的安全性がまずは親の中に担保され、次にパートナーとの間に担保されることで家庭にこの環境ができ上がります。そうして子どもの非認知能力はその環境の中で高まっていくのです。

否定や批判を恐れずに話せるからこそ、自己肯定感や自己効力感、主体性が高まっていきます。何より自分の話を聞いてもらえて肯定してもらえれば個性が認められ、自己肯定感が高まります。そのような環境では対話が増え、自分同様に他者も肯定することができるようになり、柔軟性、共感力、自制心などが育まれます。対話によって問題を解決していくうちに、想像力や協働力そして楽観性も育まれていくでしょう。

余談ですが、今の中学受験の問題には家庭で親子の対話があるからこそ答えられるような問題も出題されています。この現状からも「非認知能力の育成」が重要となってきていることがわかるのではないでしょうか？

では非認知能力の基本、育成の基本を学んだところで、早速第1週目、子どものロールモデルである親として、自分の非認知能力を高めていきましょう。

Ready?

OK, let's do it!

第1章

Week 1

非認知能力を育む①

どうしたら子どもの力を最大に引き出す声かけ・行動ができる?

～子どもを成功と幸せに導くために、
まずは自分に向き合う7日間～

Week 1の進め方

ゴール

- 親である自分の非認知能力を高めるために自分に対して肯定・受容・尊重・寛容ベースの声かけ行動実践する
- 3週間チャレンジ終了後に「自分の現状認知クイズ」の◯を1つ減らす

スキル:3つのNGと4つのDO

NG
非認知能力の育成を阻害する習慣を見直す見直す
(3つのNG)

Do
非認知能力を育まれやすい習慣を作る
(4つのDO)

NG Day 1 自己肯定感を阻害する自分いじめを止める
→
Do Day 2 自分の良いところ、できること、できたことに目を向ける

NG Day 3 自分のものの見方だけに固執するのをやめる
→
Do Day 4 問いを立てることで可能性と選択肢を広げる

NG Day 5 守るべきことがしっかりしていれば振り回されない
→
Do Day 6 自制心は人生の幸せと成功に直結する力

Do Day 7 自分との良好な関係

Finish!

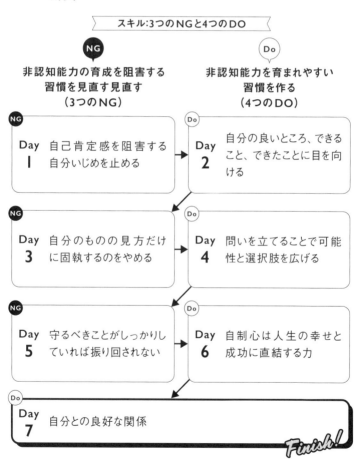

この7日間ですること

子どもが中学受験を乗り切るために大きく寄与する非認知能力。ぜひ育んであげたいですよね。そこでこの7日間はまず親である自分の言動に向き合います。

私たち親は愛する我が子のために「良かれ」と思っていろんなことをします。でも時にその言動が子どもの非認知能力の育成を阻害することがあるのです。ここではまず「自分の現状認知クイズ」（P78）で自分の言動を知り、それを踏まえて子どもの非認知能力を阻害する自分の思考と行動のパターンに向き合います。

最高の庭を作りたかったらまずは雑草を引っこ抜き、そこにお水や栄養を与えていきますよね。それと一緒でまずは自分に向き合い、自分という土壌が整ったところで、さらに非認知能力を育む思考と行動を身につけていきます。

愛ゆえにエスカレートしていく

子どもの非認知能力が最も育まれる時期は0歳から10歳と言われますが、これは小学校・中学校受験の時期と重なります。この期間に親が子どもにどう向き合うかが、子どもの非認知能力の育成に大きく影響します。

受験は期間限定、特に小学校受験と中学校受験は一人一回限りのチャンス、子どもが年齢的に全て自分でできないため結果が親の導き方に左右されがち、しかも誰がどこに通うようになるかで結果が周囲に知れ渡るという条件が重なっているからこそ親主体になりがちです。

毎日子どもの受験に向き合う中で情報は氾濫し、学校や塾のママ・パパ友との比較合戦、競争は激化。「自分がこんなことをするなんて思ってもみなかった」ということが往々にしてあるのです。同様に「良かれ」と思って全てをお膳立てすることで、子どもが自分で考えたり決めたりする機会を奪ってしまうことも。

でも、それは、「失敗させたくない」「悲しませたくない」という親の愛ゆえ。そして「負けられない」という親の見栄やエゴや「効率よく進めたい」という大人の論理のせいでもあります。全ては愛ゆえにエスカレートしていくのです。

人生は受験後の方がずっと長い

これまであなたはネット検索や本を読んで、子どもへのポジティブな声かけの例を見て、実際にやってみたことでしょう。どうでしたか？

最初のうちは子どもに上手く声かけができていたかもしれませんが、次第に感情に任せてネガティブな言葉に変わってしまったなんてことはありませんか。でも、本書を通してじっくりと自分に向き合うことで、あなたの非認知能力も高まり、それに伴い子どもへの声かけも自然に変わっていきます。

中学受験は待ってくれないし、今すぐ最高のサポートができるようになりたいと焦っているあなたにとって21日間のワークは決して短くありません。でも、これから続く子どもの人生の時間を考えれば21日はあっという間です！ Just give it a try!

親の言動が結果を左右する

子どもが受験を戦い抜くために大きく寄与する非認知能力の育成は、親の言動が大きく関わっています。親の言動が結果を左右するといってもいいくらいに。Week3に実際に子どもに向き合う前に、Week1はまず自分の非認知能力を高めていきましょう。そして1週間を通して「自分に肯定・受容・尊重・寛容」ベースの非認知能力の高い声がけを学びます。また、3週間のワークを経て、「自分の現状認知クイズ」（P78）で○を一つでも減らしましょう。その際にポイントとして心にとどめておきたい5つのポイントをこれから紹介していきます。

ポイント

- 人は自分に対してすることを他者にもする
- 親の非認知能力が低いと、子どもの非認知能力を低くする声かけや行動に
- 自己肯定感・失敗を恐れず行動する力・自制心・主体性などが影響する
- 非認知能力を高める声かけ・行動にはパターンがある
- まずは親が自分の非認知能力を高める声かけを実践する

ポイント1

人は自分に対してすることを他者にもする

ネガティブな親の行動が気がつけば子どもに連鎖

子どもへの声かけや行動は、親が自分自身にしている声かけと行動の結果です。

無意識に作られる思考と行動の連鎖

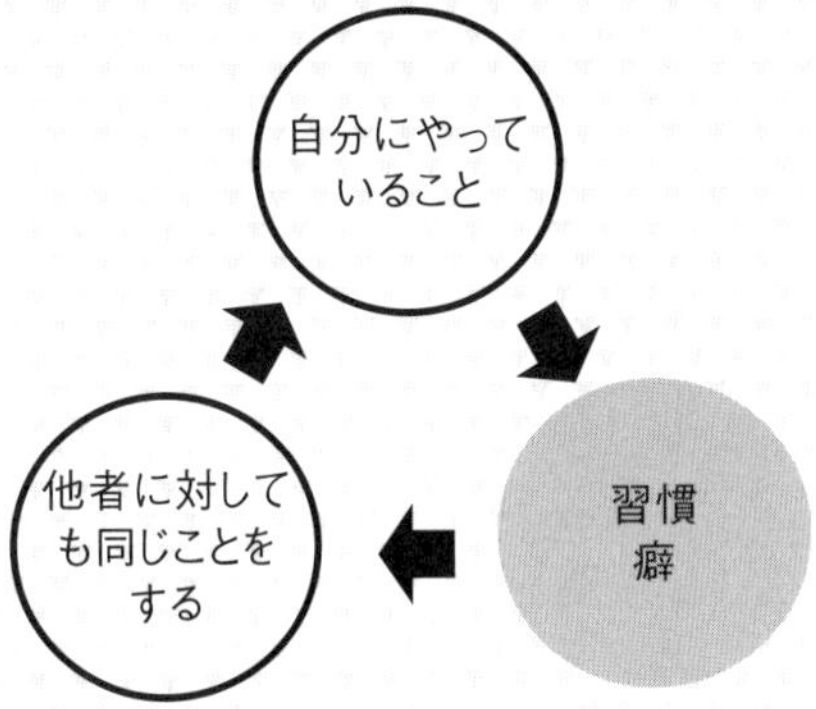

なぜなら私たちは自分にしていることを他者に対してもするからです。自分にしていることは習慣となり無意識に行動に出ます。その結果、気がつかないうちに他者に対しても同様の行動に出てしまうのです。

それが建設的でポジティブな思考と行動の連鎖なら良いのですが、自分を否定したり、批判したり、拒絶したりする、必要以上に厳しすぎる思考と行動の習慣では、人生の幸せも成功もつかみ取るのは難しいでしょう。子どもは自身が育つ環境だけは作ることができません。いろんな能力があってもそれだけは親にしかできないのです。それならば、ネガティブではなく、ポジティブな連鎖を受け渡したいですよね。そんな環境を作るための第一歩がこの7日間です。

ポイント2

親の非認知能力が低いと、子どもの非認知能力を低くする声かけや行動に

現状認知

スキル共有の前に、あなたの自分に対する声かけの「現状認知のクイズ」を用意しました（P78）。ここで親であるあなたが自分にどんな声かけをしているか、思考と行動の習慣に向き合ってみましょう。

答えることで今の自分の状態に「気づく」ことが目的です。なぜなら思考と行動の習慣を書き換えるために最も重要なのは、現状を知ることだからです。あまり考えずに直感で答えて下さい。考えれば考えるほど私たちは「正解探し」を始めて見栄えの良い回答をしようとします。見栄えの良い回答は素敵かもしれませ

ん。でも、そこにあなたはいません。

「うわー、こんなのに◯つけちゃったらなんて思われるかな？　親失格かな？」と考えるかもしれませんね。でもご心配なく。あなたしか見ません。

そしてそんな風に感じるネガティブな感情は人として全く普通のことです。

このチェックは自己批判するためにあるのではなく、自分を「知る」ためにあります。良いところもそうでないところもある自分を見つめ、受け入れる。そうすることで「やっぱりここは変えたいな」と問題解決に向かうことができます。正直になればなるほど早くゴールに辿り着ける。そう思ったら自分に正直になる勇気が出てきませんか？

さあ、最初の7日間が、ここから始まります。

Enjoy!

トライ！

自分の現状認知クイズ

親であるあなたは自分にこんな声かけや行動をしていませんか？
少しでも当てはまると思った場合は◯をつけてくださいね。

言語（声かけ）

- なんで私はできないのだろう
- どうして何回も間違うのだろう
- どうせ私なんてこの程度
- 受験に失敗した自分はダメ
- 自分が好きじゃない
- 私なんて全然ダメ
- なんでもっと頑張れないのだろう
- どうせ無理なんだから
- また失敗する
- やっても無駄
- 失敗が怖い
- 失敗したら恥ずかしい
- どうして私は○○さんのようにできないのだろう
- どうせお姉ちゃんの方が上
- 私の学校の方がランキングが下だから恥ずかしい
- ○○に落ちたなんて恥ずかしい
- 子どもだけが生きがい
- 子どもの人生を通して自分の人生を生きなおし、巻き返ししたい
- 子どもには自分のようになって欲しくない
- 子どもには失敗して欲しくない

非言語（行動）

- 自分の意見を言えない
- 人の目を気にする
- 常に正解を探してしまう
- 自信がない
- やりたいことがない
- やりたいことがあっても一歩を踏み出せない
- 言われたことを言われたようにやる良い子の人生を歩いてきた
- 完璧主義
- なんでもきちんとやらないといけないと思ってしまう
- 他の人がきちんとやらないとイライラする
- 「こうするべき」に縛られている
- 自分を見失っている

当てはまった数　　　　個

自分と向き合ってみていかがでしたか？　全部に◯がついたとしてもご心配なく。コーチ重子も最初は全部に◯がついたから。それでも35歳から非認知能力を高めるスキルを実践してきた結果、今は全然◯がつかなくなりました！

だからいつからでも、誰でもできる！　大丈夫。

ポイント3 自己肯定感・失敗を恐れず行動する力・自制心・主体性などが影響する

否定の言動の結果、親自身に起こりやすいこと

自分に対して厳しいことは「良いこと」とされがちですが、厳しすぎたり優しさとのバランスが取れていないと、心の中はこんな風になりがちです。

・低い自己肯定感

非認知能力を阻害する声かけの影響

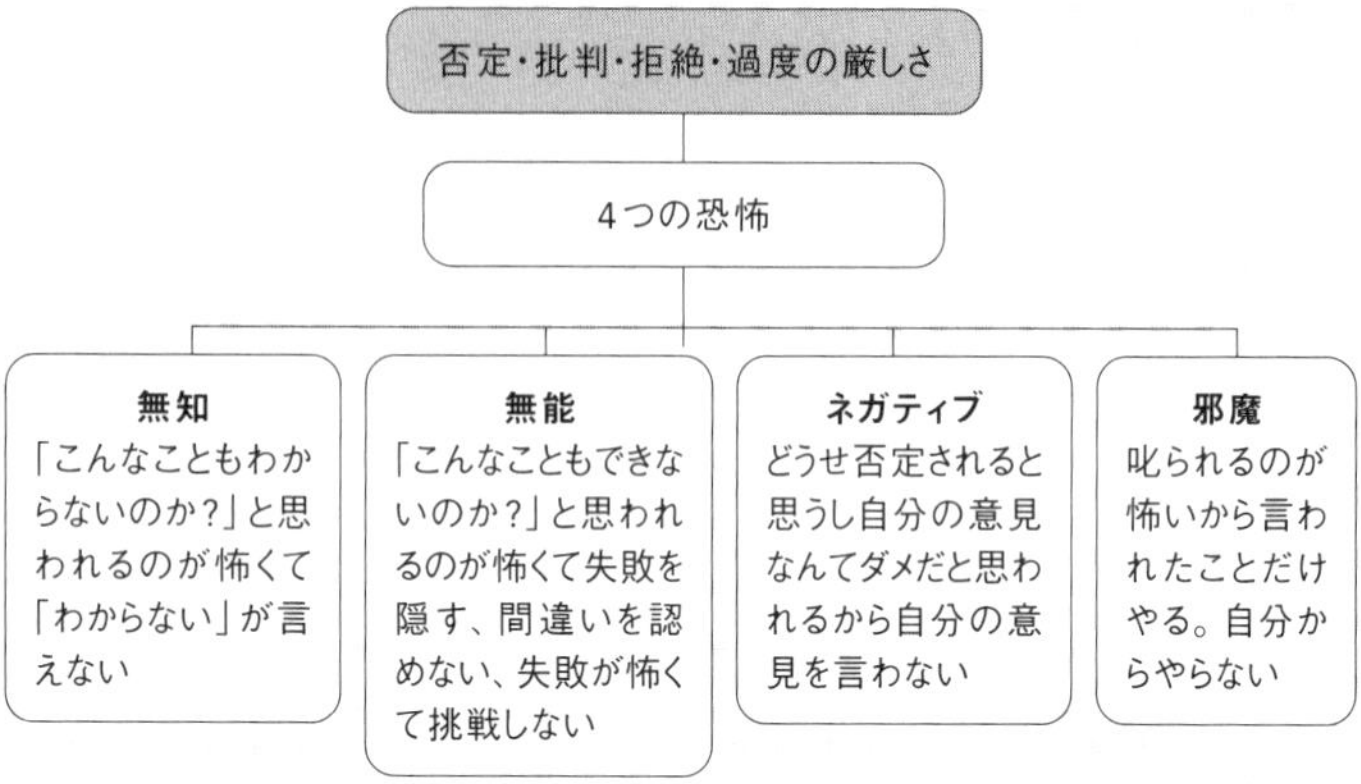
否定・批判・拒絶・過度の厳しさ
4つの恐怖
無知
「こんなこともわからないのか?」と思われるのが怖くて「わからない」が言えない
無能
「こんなこともできないのか?」と思われるのが怖くて失敗を隠す、間違いを認めない、失敗が怖くて挑戦しない
ネガティブ
どうせ否定されると思うし自分の意見なんてダメだと思われるから自分の意見を言わない
邪魔
叱られるのが怖いから言われたことだけやる。自分からやらない

・低い自制心（低い自己管理能力）
・人生に対する低い幸福感・満足感・充足感・可能性・生きがい
・過干渉、過度の不安・焦り
・過小評価

そして起こる連鎖

親の自分に対するこれらの声かけや行動の結果、子どもに対しても同様の向き合い方になります。

・子どもの能力への厳しすぎる評価・否定・批判・拒絶・非難
・子どもの存在価値への厳しすぎる評価・否定・批判・拒絶・非難

親である自分に起こったことと同様に、子どもの自己肯定感・自己効力感・自制心・好奇心・主体性・楽観性・想像力・創造力・回復力・やり抜く力・共感力・協働力・社会性などありとあらゆる非認知能力が低くなっていきます。

こんな声かけ・行動をしていたとしても大丈夫

子どもは自ら子育ての環境を作れません。親が作る環境に順応して生きていくことしかできないのです。だから環境が変わればそれを敏感に察知してその中で生きていきます。裏を返せば、非認知能力を育む環境をここから作っていけば、子どもはその環境に順応して育っていくということ。

そしてその環境づくりの第一歩は、親自身が自分に対する声かけを非認知能力を高める声かけに変えていくことです。

ポイント4

非認知能力を高める声かけ・行動にはパターンがある

肯定・受容・尊重・寛容ベースの声かけ・行動が作る安心安全な環境

肯定・受容・尊重・寛容ベースの声かけは心に安心安全な環境を作り出します（心理的安全性 P64）。

安心安全な環境があると、前述の図（P80）とは真逆の次の図（P83）に書いてあるようなことが可能になります。自分に対してポジティブな声かけを習慣化すると、子どもに対しても同様のことができるようになっていきます。そうすると、子どもは安心安全を感じることができます。

そして、否定や批判を恐れずに意見を言ったり、失敗を恐れずに積極的に行動をすることができるようになります。

非認知能力は行動することで育まれます。行動すれば必ず壁にぶち当たります。

非認知能力を育む声かけの影響

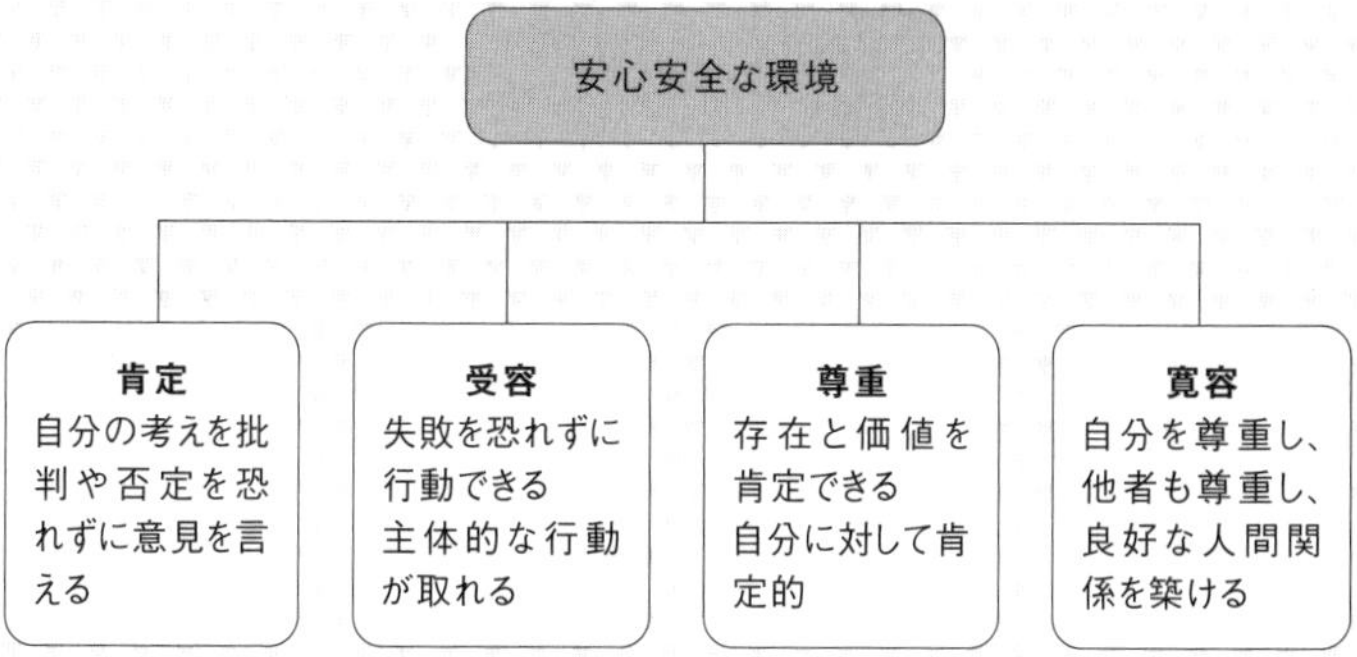
安心安全な環境
肯定
自分の考えを批判や否定を恐れずに意見を言える
受容
失敗を恐れずに行動できる
主体的な行動が取れる
尊重
存在と価値を肯定できる
自分に対して肯定的
寛容
自分を尊重し、他者も尊重し、良好な人間関係を築ける

そこをどう解決して進んでいくか？　その過程で自己肯定感をはじめ回復力ややり抜く力、柔軟性や楽観性などあらゆる非認知能力が育まれるのです。

いかがですか？　自分に対する声かけを「肯定・受容・尊重・寛容」ベースにしたくなってきましたか？

ポイント5

まずは親が自分の非認知能力を高める声かけを実践する

気づき⇩やめる⇩やる⇩繰り返し（継続）

コーチングは設定した目標を達成にまで導くプロセスです。現状認知に始まり、次に目標達成のために機能しない思考と行動の習慣を断ち切り、機能する新しい習慣を取り入れ、日々実践することでそれを習慣化することです。ここで機能しない習慣とは「非認知能力の育成を邪魔」している習慣です。機能する習慣とは「非認知能力の育成を助ける思考と行動」の習慣です。

「機能する習慣」の習慣化

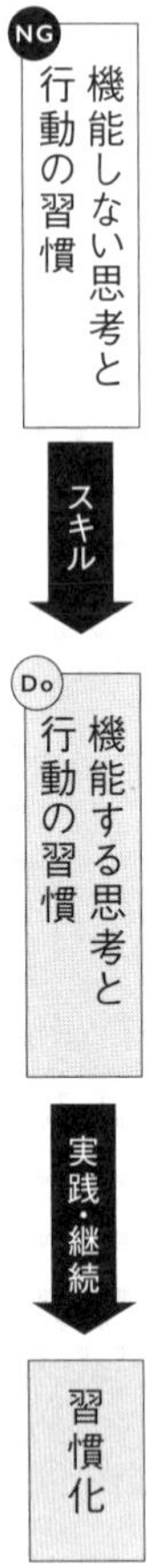

なぜ習慣化するのか

私たちの思考と行動の習慣は幾度となく繰り返されることで長い時間をかけて作られていきます。

「無意識にやっている」ことってありますよね。例えば毎朝の歯磨き。子どもの頃は「ちゃんと歯磨いた？」と何度も言われてからやっていたとしても、大きくなるにつれて、朝起きたら無意識に洗面台に向かっていませんか？

それと同じです。習慣ほど強いものはありません。何しろ自然とやってしまっているのですから。

ですからここではまず「機能しない習慣（NG）」をご紹介します。NGなことをやっているとしたらまずはそれに気づくことからはじめ、やめるためのスキルを実践する。次に代わりとなる「機能する習慣（DO）」を実践します。

本書はその繰り返しで構成されています。ですから、気がつけば歯磨きのように機能する思考と行動が自然と習慣化されていくのです。

Week 1のゴール

・親である自分の非認知能力を高めるために自分に対して肯定・受容・尊重・寛容ベースの声かけ・行動を実践する
・3週間チャレンジ終了後に「自分の現状認知クイズ」（P78）の○を一つ減らす

目標は3週間後にひとつ減らす

3週間後の目標は、スキルを実戦することで「自分の現状認知クイズ」（P78）で当てはまる項目の○が一つ減ることです。3週間ごとに一つずつ減っていく。そうして実践を重ねているうちにどんどん自分に対する声かけが非認知能力を育むものに変わっていきます。

「え？　たった一つ減らすだけでいいの？」

と思うかもしれません。〝たった〟一つでも減ったらものすごい成果です。だってその〝たった〟一つにあなたは苦しめられていたのだから。そのたった一つにあなたの子どもは傷ついているかもしれないのだから。

中学受験は入試の日が決まっているから、焦る気持ちもあるでしょう。でも目標は〝たった〟一つ減らす。それだけで、あなたの心の中はこれまでよりも〝一つ〟分、安心安全になっているのだから。そしてそれを積み上げていきましょう。繰り返しと継続だけが習慣を作り上げていきます。

だんだん簡単になっていく

最初の1週間は一番大切な7日間です。3週間を最も効果的にするのがこの1週間なのでいろいろな説明があります。ちょっと大変に思えるかもしれませんが、Week1をしっかり取り組むことが最大の効果を得る秘訣です。ここを過ぎるとWeek2、Week3はどんどん簡単になっていきます。

Week1で時間がかかるな、と思う時はそれだけ自分がしっかりと向き合っている証拠です。Week2とWeek3になればきっと「楽勝！」って思えるでしょう。

Day 1

NG

「なんでできないの！」「なんでちゃんとやらないの！」「〇〇ちゃんはできるのに！」

自己肯定感を阻害する自分いじめをやめる

質問　自分のダメなところばかりが気になる？

ポイント　人はネガティブ・バイアスや完璧主義、過小評価のせいで自分をいじめる天才

スキル　「Stop the Bully!」「いいんだよ、そんなところがあって」

どうしてこんな声かけをしてしまうのだろう

私たちは本当に「ダメ」を見つける天才です。しかもほんのちょっとした「ダメ」を巨大化させるのが得意です。ネガティブなことに気を取られやすく、しかもネガティブなことは記憶に残りやすいので、ポジティブなことをほぼスルーしがちです。

質問　自分のダメなところばかりが気になる？

「あれができなかった」「自分はダメだ」「あの人よりも自分は劣っている」「どうせ無理」「失敗したくない」「なんか言われたら嫌だからやめよう」。今日、自分にそんな声かけをしませんでしたか？　自分のダメなところばかりに目が行っていると、子どもに対しても見えてくるのは子どものダメなところばかり。そうして「なんでできないの！」なんて声かけになってしまうのです。

こんな自己否定は自己の存在と価値の対極。いわば心理的安全性を最も脅かす要素と言えます。だけど自分をいじめてしまうのは自分がダメな人間だからでしょうか？　いいえ、あなたは全然ダメなんかじゃない。実はダメにフォーカスしてしまうのは「自分」以外にいくつか原因があるのです。

自分いじめの原因①　ネガティブ・バイアスのなせるわざ

脳は悪いことをより長く覚えていたり、悪いことにより強く反応します。これをネガティブ・バイアスと言いますが、ネガティブなことに脳は反応しやすく、強烈に心に残るという脳の習性です。

するとどうなるでしょう？　例えば子どもが塾のテストで算数は一番だったのに他のテストの点数がいまいちで一つレベルが下のクラスに落ちたとします。「クラスが落ちた」ことには「最悪だ！」と強く反応してしまうのに、「算数は一番だった」という事実はほぼスルー。似たような経験、ありませんか？

ネガティブ・バイアスの子どもへの影響

算数はNo.1	スルー	はあ？　なんだっけ？
クラスが落ちた	巨大化	最悪だ、もうおしまいだ！

自分いじめの原因②　完璧主義

ネガティブ・バイアスの次は完璧主義です。徹底してダメなところをなくすのですから一見ポジティブに見えますよね。でもそこが問題なのです。完璧を目指すとは「できていないところ」を見つけて「もっともっと」「まだまだ」と頑張ることとも言えるからです。例えば99点の解答用紙。「あと1点」が気になりませんか？　ほかにも水泳大会で0・5秒の差で2位。あと少しで1位だったのに……など。ここでは99点も取れている。100人が参加した大会で2位ってすごい！というポジティブな面は完璧に見逃されています。そう考えると完璧主義ってそれほど素敵なものではないと思えてきませんか？

自分いじめの原因③　謙遜・過小評価

「そんなことないです」「全然ダメです」と自分を一段低く落とすのが美とされてきた文化では、自分を過小評価するのが当たり前になっていきます。また「みんなと同じ」であることが重要な社会では生き残りをかけて「目立たない」存在になろうとします。そこで起こることは「自分は大した存在じゃない」「自分はこの程度」という自分の価値と可能性の否定です。

謙遜を美とする文化では、ある程度控えめであることも必要な時があるでしょ

自分いじめの天才は自分

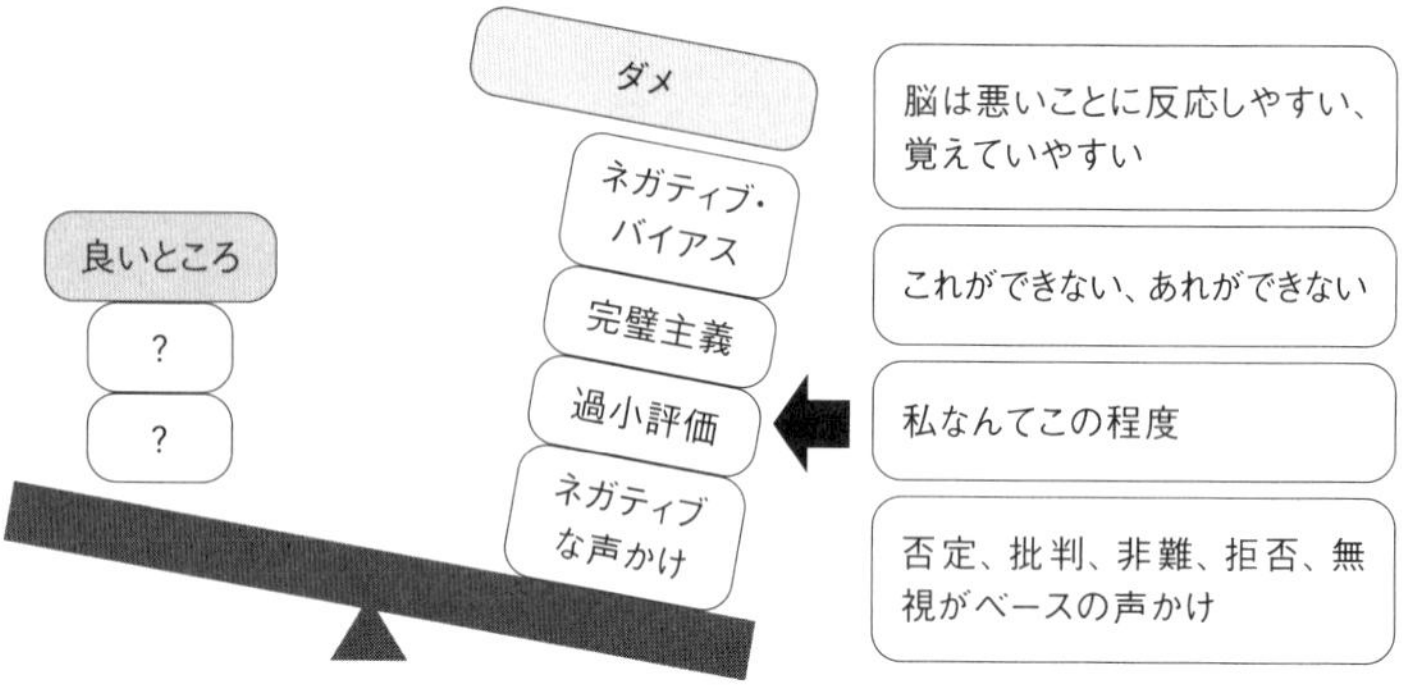

ダメ
ネガティブ・バイアス
完璧主義
過小評価
ネガティブな声かけ
良いところ
?
?
脳は悪いことに反応しやすい、覚えていやすい
これができない、あれができない
私なんてこの程度
否定、批判、非難、拒否、無視がベースの声かけ

う。ですが、過度の謙遜はもうやめても良いのではないでしょうか？

自分いじめの原因④
インポスター症候群（過小評価）

自分の力で何かを達成し、周囲から高く評価されても、「自分にはそのような能力はない」「評価されるに値しない」と自己を過小評価してしまう傾向のことをインポスター症候群（または詐欺師症候群）といいます。

特に女性に多いと言われていて、『LEAN IN』を書いたメタ・プラットフォームズ（旧フェイスブック）の元COOシェリル・サンドバーグでさえインポスター症候群に悩まされたと言われています。

非認知能力を育む環境作りの第一歩は自分いじめをやめることです。否定をやめる! でも、言うは易し行うは難し、と思いますよね。大丈夫。そのためにスキルがあるのです。

スキル

「Stop the Bully!」「いいんだよ、そんなところがあって」

スキルの目的

「ダメ」なところもある自分を否定する代わりにありのままに受け入れる練習をします。そうすることで「ダメ」にフォーカスしたり、長居しないようにします。「ダメだなあ」と思うのは悪いことじゃないのです。問題はそこに留まること、どんどん自己肯定感が下がっていくことです。「ダメ」なところがあるのは人の常。そんなところがある自分も受けとめて肯定できるようにしていきましょう。

スキルの説明（自分いじめをやめるための自己受容について）

「自己受容」とは、「置かれている現実の状況を受け入れること」を意味します。自分の良いところはきちんと認め（これはDay2で行います）、ダメだと思うところは否定することなく自分の一部としてありのままに受け入れることです。私たちは人間だからできることとできないこと、得意なこと不得意なこと、好きなこと嫌いなことがあります。それでこそ人間なのです。

「セルフ・コンパッション（自分への思いやり）」の権威、アメリカの心理学者クリスティン・ネフ博士は「人間の共通性」という概念を挙げていますが、これは人間としてみんなが共感できることです。「ダメ」があるのは人間として普通のこと。人間なら当たり前にあることだからこそ「ダメ」の部分を否定・批判・非難・拒否・無視しないことです。そして、ただそこにある事実として受け止める。そうすることで自分を攻撃することをやめる自分になっていきましょう。自分だけはどんな時も自分に優しくしてあげたいですよね。

トライ！
ワーク（P96）

今日のあなたが「ダメ」と思ったことはなんですか？　書き出してみましょう。次に「そんな自分がいていいんだよ」と書いて肯定してあげます。最後はそんな自分の存在を大切に思う自分で締めくくります。これも同様に「そんな自分は唯一無二の大切な存在なんだよ」と書き出します。これはいわば心の筋トレです。やればやるほど筋力がつき、やらなければ衰えます。

これだけ……？　はい！　でも最高にパワフルなスキルです。自分に対する許し、癒し、そして肯定。ぜひとも続けることで習慣化してくださいね。厳しさだけの厳寒の土地には何も育ちません。優しさがあるからこそ人は育つのです。生きられるのです。

トライ!

「ダメ」な自分を「そんな自分がいてもいいよ」と肯定してあげる心の筋トレ

今日のダメと思ったこと	そんな自分がいていいんだよ	そんな自分は唯一無二の大切な存在なんだよ

どんな気づきがあったかな?

今日のひとこと

You are special the way you are

あなたのままで、あなたは特別

ありのままのあなた。
それだけで最高にスペシャルな存在。
その事実だけを見つめればいい。
他の誰かになることはない。
自分らしく、自分史上最高に幸せな人生を作っていく。
それができるのは自分だけ。
ありのままの、この世にたった１人しかいない自分だからこそ、
スペシャル。
存在する。ただそれだけで最高にスペシャル。

Day 2

Do

リフレーミングで自己肯定感を高める

自分の良いところ、できること、できたことに目を向ける

質問　自分の良いところを見つめて生きていけたらどう感じるだろう?

ポイント　ダメな数だけ良いこともある

スキル　自分への見方を変える『ＢＹＢＳピンクのサングラス』スキル

ここで実験です。次の２つの言葉を大きな声で順番に言ってみてください。

「ダメ!」

「ＯＫ、良いかも」

どんな気分になりましたか?　はじめに心がぎゅーっと縮まり、次に温かいものが流れてくる感じ、しませんでしたか?

リフレーミングの仕組み

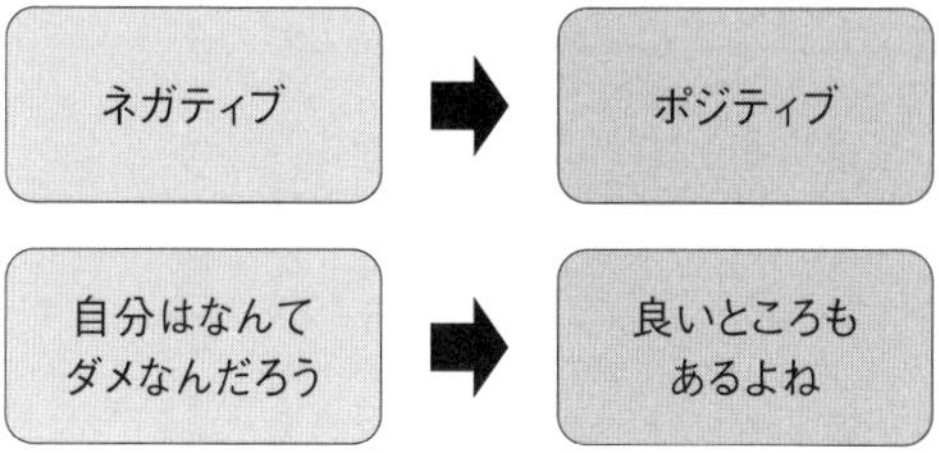

二つの違う視点が見えれば選択肢も増える

ダメなところもある自分を受け入れるスキルのあとは、ダメの反対、良いところに光を当てていきます。ダメなところばかりじゃなく、良いところに気づき、認め、自分を大切にして生きていく。ネガティブなところとポジティブなところ、両方併せ持つ自分をありのままに受け入れて生きていくことを学んでいきましょう。

私たちは脳の習性や完璧主義、過小評価などの影響で、自分に対してネガティブな向き合い方をしがちだと学びました。確かに私たちにはダメなところやできないこと、失敗した経験や後悔することもたくさんあるでしょう。そこを見つめて生きていくのも一つの道。でもコインに裏と表があるように、物事の見方にも2通りあるのです。

質問

自分の良いところを見つめて生きていけたらどう感じるだろう？

ネガティブを否定する必要はない

ネガティブな気持ちは人として普通にある感情です。だからネガティブな感情を持った時に自分を否定・批判・非難・拒絶・無視する必要はない、ということを**Day1**で学びました。

だからこそダメだけじゃなくて良いところにも目を向けて生きていけたらどんな感じがするでしょうか？　ネガティブな見方が悪いのではなく、それしか見えないことが私たちの人生の可能性と幸福度を下げてしまう、それが問題なのです。

私たちには選択肢があります。ネガティブな向き合い方とポジティブな向き合い方。選ぶのは自分です。あなたはどちらを選びますか？

日本人は自己肯定感と幸福感が低い

自己肯定感とは自己を肯定する気持ちです。

ここでちょっと衝撃的な数字をご紹介します。一つは2014年に内閣府が満13歳から29歳の若者7431名を対象に実施した自己肯定感に関する調査です。日本を含めた7カ国(ドイツ、フランス、イギリス、アメリカ、スウェーデン、韓国)が対象で、「自分に誇りを持っているか」「自分に長所はあるか」「自分に満足しているか」などの質問に対し、日本は全てで平均を下回り、自分に対する長所と満足度をたずねた質問では7カ国中最低という結果でした。調査は「日本の子どもや若者の「自己肯定感」は年齢が上がるにつれて低くなり、平和で豊かな日本にいながら、多くの不安を抱え、自信がなく、将来への希望を持てず、やる気が出ないと感じている若者の割合が増えている」と結論づけています。

また、独立行政法人・国立青少年教育振興機構が行った高校生の自己肯定感の国際比較調査(2000年)でも、日本の高校生の自己肯定感は世界最低レベルとなっていて、年齢を重ねるごとに低くなっていく、という結論が出ています。しかも、ユニセフの幸福度調査（2020年）の結果では精神的幸福度において38ヵ国中37位、下から2番目という残念な結果が発表されました。
子どもは親の背中を見て育ちます。子どもの自己肯定感を高めるために、ぜひこのスキルを試してみてください。

スキル

自分への見方を変える『BYBSピンクのサングラス』スキル

スキルの目的

ネガティブだけではなくポジティブなところに気がつくようになりましょう。練習すればするほどネガティブに留まる時間が短くなっていき、ネガティブに見えていたことが自然とポジティブに見えてくるはずです。そうして「ポジティブな人生を作っていく自分」になっていくのです。

BYBSピンクのサングラス

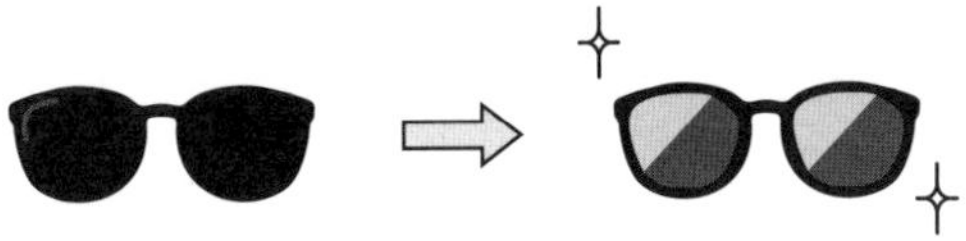

「ポジティブに視点を変える＝リフレーミング」

思考は行動を作り、その行動の繰り返しがクセ（習慣）となり、そんな行動を取るのが当たり前（環境）となることで、それが自分という人格の核となって、その人の人生を作っていきます。

スキルの説明

黒いサングラス越しに見る景色と、ピンクのサングラス越しに見る景色は全然違います。いわば黒いサングラスからピンクのサングラスに掛け替える作業がリフレーミングです。リフレーミングとは物事の見方をリフレーム（変える）する作業のことです。「ＢＹＢＳ」つまりBe Your Best Self（最高の自分になる）を見つけるためにサングラスを替えるのです。

ポジティブに物ごとを見られるようになるために

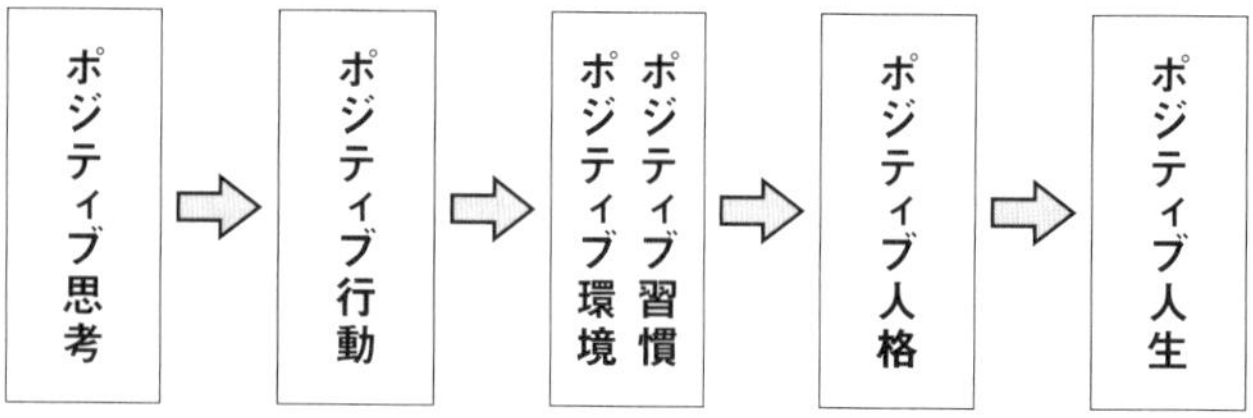

身につけるのが、視点を変える「リフレーミング」のスキルなのです。このスキルでは、「ネガティブ」を選ぶ自分から「ポジティブ」を選ぶように自分をリフレームすることを目標とします。

トライ!

ワーク（P106）

　ではここで、ネガティブからポジティブへリフレーミングする練習をしていきます。自分の中のネガティブな気づきにポジティブな光を当てていきます。例を参考にして今日のあなたの「ネガティブ」をポジティブにリフレームしていきましょう。「良いところ」にも目を向けることで、自然とポジティブな声かけができるようになっていきます。自分のポジティブな部分を肯定することを選べば思考が変わり、思考が変われば行動が変わり、行動の繰り返しは習慣化し環境を作り出してそれは人格となり人生を作っていきます。どうですか？　自分の中にそんな環境を作り出し、そんな人生を作り、生きる背中を子どもに見せていきたいと思いませんか？

トライ！

最高な自分になる（Be Your Best Self）ためのリフレーム・チャレンジ

ネガティブ	リフレーム	ポジティブ
失敗した	リフレーム	挑戦した自分がいる
家事が苦手	リフレーム	時短家事を考えるのが得意
嫌なことを言われた	リフレーム	スルーしようと思える自分っていい感じ
	リフレーム	
	リフレーム	
	リフレーム	
	リフレーム	
	リフレーム	

どんな気づきがあったかな？

今日のひとこと

Glass half full

コップに半分も入っている

コップに半分入った水を「半分しか入ってない」と見るか、それとも「半分も入ってる」と見るか?

私たちには「ない」部分も「ある」部分も両方あります。そこに「ある」のだから。気づいてあげなければ自分がかわいそうすぎる。自分に対してこれができるからこそ、他者に対しても同様のことができます。そうやって他者の良いところを見つける天才になる!

今日あなたのお子さんが「80点」の解答用紙を持って帰ってきたとします。20点足りなくてクラスが一つ下がりました。さあ、あなたはどんな声をかけますか?

Day 3

NG

「こうあるべき」一つの正解にしがみつくと学びも成長も止まる

自分のものの見方だけに固執するのをやめる

質問　自分にはどんな思い込みがあるのだろう?

ポイント　人はいろんなバイアスに支配されている

スキル　自分の思い込みに向き合うバイアスチェックスキル

激変の時代、一つの正解にしがみつくことの危険性

親世代の受験とはかなり違ってきていることは序章でも書きましたが、気づいてはいても、受け入れるのは難しいでしょうか? でも受け入れなければ乗り遅れます。乗り遅れるだけじゃなくて、淘汰されます。それが自分の子どもだったらどうしますか?

自己肯定感を著しく下げるネガティブな声かけや行動に向き合った後は、自分、そして子どもの成長を阻止してしまう「たった一つの正解」「従来の成功則」「こうあるべき」(思い込み)に縛られがちな自分に向き合っていきます。

「たった一つの正解(思い込み)」はどこからくるのか?

私たちのものの見方は家族、友人、地域、教育、政治、経済、メディア、時事問題などが作り出す文化や環境に影響されて形作られます。それも長い時間をかけて同じメッセージを受け取ることで自分の一部となっていきます。

ですから思い込みがあることはしごく普通のことなのです。問題はそれしか見えない、見ない、見ようとしないことです。そして自分の思い込みを「たった一つの正解」として他者に押し付けることです。他者の意見や新しい考えに耳を傾けないことです。これをクローズドマインドセットと言います。そしてこのクローズドマインドセットは他者からの学びと、自らの成長を止めてしまいます。

質問

自分にはどんな思い込みがあるのだろう？

認知バイアス（こうあるべきという思い込み・偏見）とは何か？

認知バイアスとは私たちが意思決定をする時に、これまでの経験則や先入観などによって判断することを言います。私たちは毎日たくさんのことを判断する必要に迫られています。全てをゼロから考えて判断していては大変時間がかかります。忙しい毎日だからこそこれまでの経験が参考になりそうなことに関しては経験則で結論を出す習慣を身につけていきます。

認知バイアスの種類

たくさんある中から、私たちが最も囚われやすいと思う認知バイアスをいくつかご紹介します。

・ハロー（Ｈａｌｏ）効果

学歴・肩書き・外見などの見た目の印象で相手を評価することです。例えば超

外的要因から影響を受ける思い込み

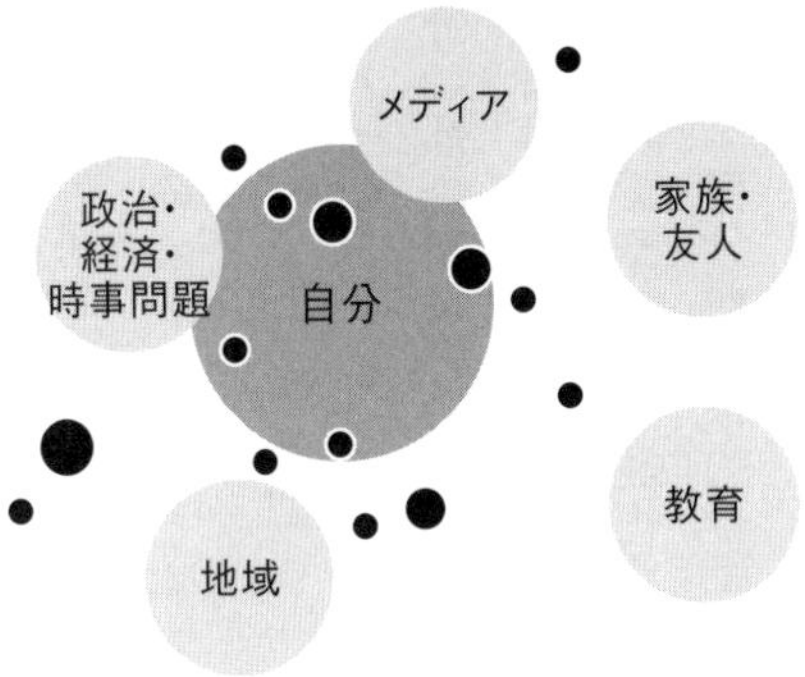

有名大学の出身だとわかった途端に「立派な人」と高く評価して、反対に偏差値の低い大学の人を見ると「ダメな人」と決めつけることです。その人が立派かダメかは話をしたり一緒に仕事をしたりしてみないとわからないのに、です。

・バンドワゴン効果

多くの人が良いと言っていることは良い、悪いと言っていることは悪い、と多くの人が賛同している意見を「正しい」と思うことです。例えば「途中で中学受験をやめるなんてありえない！」という意見が主流の場合、自分の子どもの状況や考えを見つめる前に、「そうに違いない」と賛同することです。

・ステレオタイプ

多くの人がある対象に対して抱くイメージのことです。例えば「外国人」というと「青い目、金髪」という感じです。外国人には日本人とさほど見た目が変わらないアジア系もいます。「しゅふ」というと「主夫」ではなく「主婦」を思い浮かべる。そのようなことです。

・確証バイアス

自分に都合の良い情報だけを集めることを確証バイアスと言います。例えば「みんなが言ってるよ」と言うことってありませんか？　実際は数人だったとしても。そうして自分や相手を説得することってありませんか？　それからこれはどうでしょうか。自分が否定的に思っている学校について、自分の思い込みを強くする情報ばかりを集めてしまい、そうでない情報を軽視して「〇〇中学校は良くないって評判だよ」と言ったりすることってありませんか？

・偽りの合意効果
自分の考えが「世間の常識」と思ってしまう現象です。例えば「○○大学以外はダメ」という考えは実は自分にとっての「ダメ」なのに世間一般も「そうだろう」と決めつけることです。

認知バイアスの結果、学びも成長も止まる

認知バイアスの種類を問わず、一つ共通していることがあります。それは「それだけが正解」ということです。つまり「鵜呑みにする」「疑問を抱かない」。そうして自分の思い込みを他者に押し付けます。

さらに自分に同調しない人を「物わかりの悪い人」「理性のない人」とみなしてしまいます。すると、当然その人の話に聞く耳を持たず、一つの正解に固執することで視野は狭まり、可能性も選択肢も狭まり、良好な人間関係を築くことも難しくなり、成長が止まります。そんな自分の思い込みに向き合いましょう。

大切なのは認知バイアスをなくす、というよりは「自分にはそのような思考の習慣がある」と気づき、何かを判断する時に一呼吸置いて考えることです。

スキル

自分の思い込みに向き合うバイアスチェックスキル

スキルの目的

自分にある認知バイアスに気づくことがスキルの目的です。

スキルの説明

非認知能力を育成するためには機能しない思考と行動の習慣を機能する習慣に書き換える「気づく⇩やめる⇩やる」の3ステップが必要ですが、ここではまず自分にどんな認知バイアスがあるかに気づく作業から始めます。これは認知バイアスのある自分を否定する作業ではなく、自分を知り、自己を肯定する作業です。いろんな正解に耳を傾けられるようにする土壌を作ります。

トライ！

ワーク（P116〜117）

自分の中にどんな認知バイアスがあるか、ここでは中学受験に関して自分の中の思い込みを探ってみましょう。

やり方としては逆に辿る方がやりやすいと思います。つまり自分の言動から認知バイアスを探るのです。全てに記入する必要はありません。自分の中で最も縛りの強い思いを一つ挙げてみます。

どんな気づきがありましたか？「決めつけ」がどれだけ可能性と選択肢を狭めるか、どれだけ行動を制限するかを、ぜひこのワークで感じてくださいね。

さあ、明日はいよいよあなたの中の「こうあるべき」をコントロールして、いろんな正解に耳を傾ける自分を作っていきます。そうすることで新たな学びと成長が生まれ、自分のそして子どもの可能性と選択肢が広がっていきます。

こっちからスタート

ステレオタイプ	その思い込みはどこからきたのか？	その結果どんな行動に出るか？
例 管理職は大変なだけで損	管理職は大変だと言われている	管理職になんてなりたくない（行動しない）

確証バイアス	その思い込みはどこからきたのか？	その結果どんな行動に出るか？
例 私は数学が苦手	女性は数字が苦手	数字に関係する仕事はしない（行動を制限）

偽りの合意効果	その思い込みはどこからきたのか？	その結果どんな行動に出るか？
例 専業主婦が勝ち組	ずっとそういうことになっているからそうあるべき	家計が大変でも専業主婦のままでいる（行動制限）

トライ!

認知バイアスチェック

自分がつい言ってしまうこと、やってしまうことから逆に書いていくと、自分の中の思い込みに気づきやすいです。

こっちからスタート

ハロー効果	その思い込みはどこからきたのか?	その結果どんな行動に出るか?
例 ○○大学出身者はエリートだから成功する	社長は全員○○大学出身	私はエリートじゃないからやっても無駄（行動しない）

バンドワゴン効果	その思い込みはどこからきたのか?	その結果どんな行動に出るか?
例 中学受験はするもの	息子の学校の6割の子がする	みんなやっているからうちもやった方がいいだろう（行動制限）

どんな気づきがあったかな?

....

....

今日のひとこと

Don't limit yourself

限界を作らない

思い込みは言い換えれば「限界」。だって「私の正解はこれ」と決めつけて、それ以外の可能性と選択肢に自ら蓋をするのだから。そしてその蓋を外せるのは自分だけ。

さあ、あなたはどうする？　蓋を外す？　それとも「自分」だと思っている固く蓋が閉まったガラスの瓶の中で生きていく？

透明なガラスの瓶の外にはいろんな可能性があります。選択肢がありま す。

見ようと思えば見える。つかもうと思えばつかめる。

でもそのためには蓋をこじ開けて這い出るしかない。

そして、自分の蓋を開けられるのは自分だけ。

Day 4

Do

クリティカル・シンキングで可能性と選択肢を広げる

問いを立てることで広がる可能性と選択肢

質問　これって本当だろうか？　これは自分の正解だろうか？

ポイント　今求められる「問いを立てる力」を育む

スキル　『ちょっと待った！』で一呼吸おくクリティカル・シンキングスキル

二つの思考法

私の子育ては、１年間の日本滞在を除いて全てアメリカでしたが、そこでの教育で最も大切とされてきた思考法が二つあります。それは論理的思考（話の辻褄が合う・なるほどと納得する）とクリティカル・シンキング（問を立てる力）です。この二つがあると感情に任せて決断したり、一つの正解にしがみついたり、情報を鵜呑みにしたりすることが少なくなります。そうすることで可能性と選択肢が増えていきます。また意見の違う他者の声に耳を傾けることができるようになります。

とはいえあらゆる判断をする時に全てを論理的、かつ、クリティカルにする必要があるかと言うとそうではありません。アイスクリームのフレーバーを決める時はおそらく必要ではないでしょう。

しかし、大切な子どもの将来を決めるような大きな決断の場合はそのように考えることが必要です。考えるとは「◯◯になったらどうしよう」「困ったな」「不安だな」「やりたくないな」と感じる作業ではなく、「ではどうするか」「自分はどう思うのか」と思考することです。そして、このような時に必要になるのが論理的思考とクリティカル・シンキングです。

質問

これって本当だろうか?
これは自分の正解だろうか?

二つの思考法が生み出すオープンマインドセット

論理的思考とクリティカル・シンキングという二つの思考法が作り出すのは「オープンマインドセット（成長マインドセット）」です。Day3の「クローズドマインドセット」とは真逆で、一つの正解にしがみついたり情報を鵜呑みにする代わりに、いろんな視点から物事を見たり自分とは違った意見に耳を傾けることで学び、成長し、可能性と選択肢を広げるマインドセットです。

ここでは二つの思考法のうちの一つ、クリティカル・シンキングについて学びます。論理的思考に関してはDay6で身につけます。

思い込みに挑戦する

これまでの自分の思い込みに挑戦することは怖いかもしれません。今までの自分の考えをある意味崩すことかもしれません。でもそれは決して自分を否定する作業ではありません。

クリティカル・シンキングは情報があふれる社会、そして時に親を惑わす中学受験にまつわる情報（ママ・パパ友との会話など）を鵜呑みにしないためにも必須のスキルです。情報は全てが正しいとは限らないし、またそれが自分にとっての正解とも限りません。それなのに鵜呑みにすれば振り回されることになります。

クリティカル・シンキングは自分を思い込みから解放して可能性と選択肢を広げる（Day4）と同時に他者の意見に振り回されないため（Day5）の最も効果的なスキルです。

スキル

『ちょっと待った！』で一呼吸おくクリティカル・シンキングスキル

スキルの目的

Day3で「ハロー効果」「バンドワゴン効果」「ステレオタイプ」「確証バイアス」そして「偽りの合意効果」といった自分の認知バイアスに気がついたあとは、Day4で非認知能力を育成するために それに縛られることをやめます。それがクリティカル・シンキングの成せる技です。そして、Day5では非認知能力を育成するために、新たに機能する習慣(自分軸)を入れていきます。

スキルの説明

自分の思い込みに挑戦するために毎回「本当にそうだろうか?」と自分に質問をしましょう。たとえば、「中学受験をなぜするのか」というそもそもの理由について考えてみるのもいいかもしれません。立派な立場にいる人が有名大学の出身という影響、つまりハロー効果によって受験をするほうがよいのかもと考えたという人もいるでしょうし、周囲の子供たちがみんな受験をするからと言う理由で、中学受験を志したと言う人もいるでしょう。これらに対して「本当にそうだろうか?」と、自分に問うことで新しい可能性や選択肢を見つけてみませんか。

このクリティカル・シンキングはＷｅｅｋ２では子育てのパートナーと、Ｗｅｅｋ３では子どもも一緒に行います。これは自分にとっての「正解」を見つけたり、良好な人間関係を築いていくためには欠かせない思考法だからです。

トライ！

ワーク（P126〜127）

昨日のスキルでやったワークにクリティカル・シンキングを追加しています。例を参考にして記入してみましょう。

Day3とDay4の行動を比べてみてどんな気づきがありましたか？　対応の違いから可能性と選択肢が広がったことを感じましたか？

Day3の自分の思い込みで決めつけた結果と、Day4の「本当にそうだろうか？」とひと呼吸置いて考えた結果、比較としてみれば、どちらの向き合い方が可能性と選択肢を広げるかは明白でしょう。可能性と選択肢が広がれば、より行動しやすくなり好奇心、主体性、共感力、協働力などの非認知能力が育まれていきます。あらゆる情報があふれる中学受験の中で、他人軸の判断ではなく、より我が子にとって良い道を、そしてワクワクできる環境をあなたは選べるようになります。そして、Week2、Week3のワークをパートナーや子どもとともに行ったあとには、家族みんなで最善の選択を話し合いながら決めることができるようになるはずです。

今度はこっちからスタート

トライ！

クリティカル・シンキングの有無による行動の差

Day 3 クリティカル・シンキング無	Day 4 クリティカル・シンキング有
私はエリートじゃないからやっても無駄	学歴以外に成功している人には何かあるのかもしれない。自分は〇〇大学出身じゃないけれど、成功している人が何をしたか読んでみよう。自分も成功するヒントを見つけて自分も何かやってみよう。

どんな気づきがあったかな？

トライ!

今度はこっちからスタート

クリティカル・シンキングチェック

バイアス	その思い込みはどこからきたのか	ちょっと待った! 本当にそうだろうか	どんな行動を取るか
○○大学出身者はエリートで成功する	社長は全員○○大学出身	社長は全員○○大学出身だろうか?	学歴以外に成功している人には何かあるのかもしれない。自分は○○大学出身じゃないけれど、成功している人が何をしたか読んでみよう。自分も成功するヒントを見つけて自分も何かやってみよう。
中学受験はするもの	息子の小学校では6割の子がする	本当にみんなだろうか?　4割は受験しない。どうしてしないのだろう?	中学受験するのはみんなじゃない。我が家も「どうして受験するのか」を話し合うことが大事。

今日のひとこと

Open Mind

オープンマインド

グローバル化・多様化の加速する激変の時代に最も大切なことはオープンマインドであること。

「これまではこうだった」に固執すれば確実に変化に取り残される。「自分はこうだから」に固執すれば成長はない。「現状維持」は後退でしかない。「みんな同じ」に固執すれば個性が求められる時代では淘汰されるだけ。「みんなが言ってる」と鵜呑みにすれば振り回されるだけ。

変化の波に飲み込まれず、変化の波を華麗に乗りこなしたければ、

あらゆる可能性に心を開くこと。
新しいことを否定しないこと。
違いを楽しむこと。

そして「本当にそうか？」「自分はどう思うのか？」「正解はこれだけだろうか？」「もっと良い選択肢はないのか？」「それってアリかも？」と自分に問いかけること。

Day 5

NG

他者の目、意見を気にするのをやめる

守るべきことがしっかりしていれば振り回されない

質問　あなたにとって守るべきものは何ですか？
ポイント　人はそれほどあなたのことを気にしていない
スキル　他者の意見に振り回されないための「守るべきもの探し」スキル

オープンマインド＋自分軸

中学受験では「情報交換」と称して他のママ・パパとの交流も増えるでしょう。あなたがオープンマインドであればあるほどさまざまな可能性や選択肢、情報に耳を傾けるはずです。しかし、自分軸の答えを作る術がなければ、あふれかえる情報でヘトヘトです。そしてそんなあなたに振り回されるパートナーと子どもはもっとヘトヘトになるでしょう。そして、その行き着く先は、子どもを壊す中学受験なのです。

Day3では自分の思い込みで学びと成長に蓋をする自分に気づき、Day4ではクリティカル・シンキングでそこから脱出するスキルを身につけました。今回はそこから一歩進んで、あらゆる視点から物事を見て、あらゆる意見に耳を傾けたあと、自分軸で答えを作っていくスキルを身につけます。子どもを壊さない中学受験で最も大切なスキルの一つがこれです。

質問　あなたにとって守るべきものは何ですか？

「守るべきもの」とは

クリティカル・シンキングでいろいろな意見や情報に心を開き、いろんな機会に触れる中で、多数の意見に流されたり、「あの人が言うから」と誰かの意見に振り回されずに自分にとっての正解を見つけるために必要なこと、それは「守るべきもの」です。これを人は「価値観」とも言うでしょう。自分の中に揺るがない

「守るべきもの」があるから、何を言われても大丈夫。どんなにたくさんの情報があっても大丈夫。どんな時も「守るべきもの」と照らし合わせて自分にとっての正解を見つけることができる。

ではその「守るべきもの」とは何でしょう?

私がこの非認知能力の教育について紹介をする中で、これまで本当にさまざまな意見を受け取りました。

「非認知能力なんて日本ではやっても無駄だよ」
「あなた、誰? エリートじゃないあなたには無理だよ」
「日本の教育は変わらないよ」
「非認知能力なんてアメリカの話でしょ」
「やっぱり大事なのは偏差値でしょ」

それらに対して「やっぱり無理なのかなあ」「私じゃダメなのかなあ」と意見を鵜呑みにして振り回されていたら、この本が世に出ることはなかったでしょう。

「エリートじゃないから伝えられない？」↓エリートであるかどうかは関係ない。「非認知能力はアメリカだけ？」↓グローバル社会はすでに認知＋非認知にシフトしている。「日本の教育は変わらない？」↓日本も２０２０年以来認知＋非認知に移行しようとしている。私はクリティカル・シンキングとデータをもって、周囲の意見を鵜呑みにせず、そして守るべきものに立ち返って自分の答えを見つけてきました。

なんのために「認知＋非認知は日本を変えるムーブメント」を掲げているのか？
なんのために書き続けるのか？
なんのために生きるのか？

そこに少しでも迷いが出てきたり、意見に振り回されそうになったりした時、私は何があっても３つの「守るべきこと」に立ち返って答えを出しています。それは「チェンジエージェントであること（自分のできることで社会の役に立つ）」、「娘のロールモデルであり続けること（格好悪くても一生懸命生き続ける）」、そして「家族や愛する人たちと一緒に日米の架け橋となること（私を育ててくれた2つの国を繋ぎ続ける）」です。認知バイアスに向き合い、クリティカル・シンキングを使ってオープンマインドでありながら、振り回されずに自分の正解を見つけていく。その鍵は「守るべきもの」にあります。

スキル

他者の意見に振り回されないための「守るべきもの探し」スキル

スキルの目的

自分の「守るべきもの」をはっきりとさせることで、人の意見に振り回されなくなるスキルを身につけます。そうすることでさまざまな意見や情報から「自分軸の答え」を見つけることができるようになります。

トライ！

スキルの説明＆ワーク（P135）

あなたにとって何があっても「守るべきもの」はなんですか？　トップ3を書き出しましょう。

人の意見や多くの中学受験の情報に振り回されそうになった時はクリティカル・シンキングで「本当にそうか」「自分はどう思うのか」に加えて、「自分にとって何があっても守るべきもの」に照らし合わせて自分の答えを見つけていきましょう。

トライ!

あなたにとって守るべきものは何ですか?

No. 1

No. 2

No. 3

どんな気づきがあったかな?

今日のひとこと

My sense of value

私の価値観

「何があっても守るべきもの」

ここさえしっかりしていれば、人の目や意見が気になったとしても、そこに重きを置くことは少なくなっていきます。そうして気がついたら他人軸の代わりに自分軸で生きている自分がいる。

それって最高に素敵なこと。
だって私たちはそんなふうに生きるために生まれてきたのだから。

あなたにとって何があっても守るべきことはなんですか？
そのために、あなたは何を考え、何を選び、何を実践していきますか？

Day 6

NG

ロジカル・シンキングを取り入れて自制心を鍛える

自制心は人生の幸せと成功に直結する力

質問　やる気が出ない時ってどうしてる？

ポイント　先を見越す力（自制心）で責任ある意思決定・行動を決める

スキル　自制心を育む「ロジカル・シンキング」スキル

「やるべきことをやる」を当たり前に

クリティカル・シンキングでオープンマインドになるスキルを学んだ後は、自分の可能性と選択肢をさらに広げるもう一つの思考法、ロジカル・シンキング（論理的思考）をご紹介します。

自分軸で自分の正解を見つけた後は、確実に行動していくことです。ただ、それを阻むものがあります。それは「やりたくないなあ」「今日はまあいいか、やらなくても」「明日やればいいや」という気持ちです。やるべきことをやるべき時にやる。この当たり前のことが当たり前にできるようになったらどうでしょうか？ますます可能性と選択肢が増えていくと思いませんか？　自分の非認知能力を高めるNGとDOもその気分に左右されずにやることが大事です。

論理で決める

論理的思考とは最初と最後の辻褄が合うこと、因果関係があることです。日常生活において論理で考えると、その時に最適な責任ある思考と行動を導き出すことができます。なお、これはWeek3で子どものやる気を支えるスキルを学んでいく時の基本となる大切なものです。人生100年時代を生き抜くために、親が子どもに贈ることができる最大のスキルかもしれません。

質問

やる気が出ない時ってどうしてる？

自制心とは先を見越す力です。論理的思考で先を見越してその状況に最適の行動を取るように「自分の欲望や感情をコントロールする力」です。罰やご褒美で「やらせる」「やめさせる」のは自制心の育成には意味がありません。なぜなら自分を律していないから。怖くて「やめる」、ご褒美があるから「やる」のですもの。

ロジカル・シンキングの考え方

これが	こうなら	こうだよね
イライラ	子どもにキツイ言い方	子ども・自分の自己肯定感が下がる

自分の心の中に湧き上がってきた感情や気持ちに流されずに対応できる能力が自制心で「今これをすると（しないと）その先にこんないいことがある」と先を見越して自分の行動と感情をコントロールします。自制心は人生の幸せと成功に直結する非認知能力とも言われています。やる気が出ない時も自分を律して行動する。子どもがこの力を身につけるためにも、まずは親から実践しましょう。

スキル

自制心を育む「ロジカル・シンキング」スキル

スキルの目的

やりたくない時でも「先を見越す力」で、やるべき時にやるようにします。

スキルの説明

ロジカル・シンキングは「これが・こうなら・こう」と行動と結果の因果関係が論理的で辻褄が合うことです。論理的思考を基に自分はどうするかを考えます。

トライ!

ワーク(P143)

例を見ながら記入してください。やるべきなのに「気分が乗らない」「やったら絶対こうなるよな、だからやめたいんだよな」と思うことを見える化して自分はどうしたいのかを、ぜひ論理で解決してみてください。

この過程をぜひともお子さんに共有してあげてくださいね。子どもは親のそんな姿を通して学んでいきます。「ママもやりたくないことがあるんだな。それでもやるんだ」と自然と考えるようになり、自らの行動に反映していきます。これこそ「環境を作る」ということです。

P143の例2と例3は中学受験をする子どもを持つ親が頭を悩ませることの

一つかと思います。でも、中学受験の長い期間、どこかで子どもの気持ちが途切れてしまうこともあるでしょう。友人たちの楽しく遊ぶ姿に心動かされてやる気を失うこともあれば、体力的にしんどくて机に向かう気力がなくなっていることもあるかもしれません。しかし、論理的に考えないと「勉強をしない」「やる気がない」とひと言で済まされてしまいがちです。順序立ててロジカルに考えることで「勉強をしない本当に理由」に気がつけるかもしれません。ぜひこの例を参考にしてお子さんの心に近づいてみてください。

トライ！

自分いじめを防ぐ自制心のつけ方

これが	こうなら	こうなるよね	だからこうしよう

例1

イライラ	子どもにキツイ言い方	子ども・親の自己肯定感が下がる	Day1のスキルで自分に優しくする

例2

子どもが勉強をしない	「やりなさい」と文句を言ってしまう	子どもとのケンカになる	勉強をしたくない理由を聞いてみる

例3

子どもが勉強をしない	「やりなさい」と文句を言ってしまう	余計やらなくなる	気晴らしを提案

どんな気づきがあったかな？

……………………………………………………

……………………………………………………

今日のひとこと

Self Control

セルフ・コントロール

どんなにやりたくて始めたことでも「やりたくない作業」はあるし、やる気が出ない時もある。やめたほうがいいとわかっているのに、なかなかやめられない。そんな自分に嫌気がさす。そんな時って誰にでもあるし、結構いっぱいある。

大人になれば自分を律してくれる人はいません。だからこそ自分で自分を律する力が人生の成功を左右するのです。

そうやって自分を律することで責任ある意思決定、行動をする時に幸せを感じることができるとしたら？

やめたいけどやめられないこと、やりたくないこと、やりたくない時。その後ろに隠れているのが「幸せ」と「成功」だとしたら、自分を律することもハードルが下がると思いませんか？

Day 7

Do

自分に優しくする習慣を取り入れる

自分との良好な関係

質問 不安になる自分って弱いから?
ポイント 不安と期待は表裏一体
スキル 「たかがハグ、されどハグ」自分への思いやりスキル

中学受験には不安がつきもの

生きるとは大変な作業です。特に中学受験はその子にとって、一生に一回だけ。親なら子どもを全力で守りたいと思うからこそ、中学受験の準備期間はいろんな不安がつきまとうことでしょう。強烈な不安に対抗するにはDay6で学んだ「これが・こうなら・こうなるよね・だからこうしよう」という論理的思考と自制心だけでは難しいこともあります。

そんな時は論理で自分を諭し、自制心で自分を律するのではなく、寛容になることです。自分に思いやりの心で接して自分を労ることで不安に押しつぶされないようにしましょう。不安になる自分を否定する代わりに受け入れてあげましょう。これが最適最強な不安への対応です。不安や心配は私たちを行動から遠ざけます。恐怖で動けなくなります。そうなる前にぜひ対処していきましょう。

これは**Day1**の応用です。

「○○になったらどうしよう」
「○○にならなかったらどうしよう」

中学受験を支える親として中学受験真っ只中のあなたは、今、一体、どんな不安を抱えているのでしょうか？

質問

不安になる自分って弱いから？

不安の表にあるのは期待

私たちはわからない未来に対して不安になります。でもそれは期待の裏返しでもあるのです。「こうなったらいいなあ」という期待があって、だからこそ「期待した結果が得られなかったらどうしよう」と不安になるのです。

そして私たちは往々にして期待よりも不安を強く感じがちです。これはDay1で説明したネガティブ・バイアスも関係していますが、人はそもそも失うよりは得ることの方がいいからです。当たり前ですよね。だからこそより強く不安を感じてしまうのです。だから不安を感じるのはあなたが弱いからじゃないんです。

でも不安は心理的安全性を脅かします。失敗を恐れずに行動することはできなくなるし、自分と自分の関係においてもいつも震えて怯えているようでは安心安全とは言えません。自分で自分をいじめているようなものです。それが続けば徐々に追い込まれていき、そしてその先にあるのは……「子どもを壊す受験」です。

不安は取り除くのではなく対応する

不安を取り除こうとするのではなく、不安になる気持ちを肯定することで自分を思いやり、次に現実に目を向けます。取り除くことができれば最高ですが、不安は普通にそこにある、人としての感情です。ですから不安で自分をいじめる代わりに、自分に優しくすることで不安な気持ちに押しつぶされないようにしましょう。

Day1でも紹介したセルフ・コンパッション（自分への思いやり）を概念化したアメリカの心理学者クリスティン・ネフ博士の定義によれば、セルフ・コンパッションは「自分への優しさ」、「共通の人間性」、「マインドフルネス（あるがままの自分を受け入れる心）」の3つの要素で構成されているとしています。セルフ・コンパッションが高いと不安や抑うつが低く、幸福感が高いことが明らかにされています。Day1で身につけたのは共通の人間性への理解。ここで身につけるのは「自分への優しさ」です。

スキル

「たかがハグ、されどハグ」自分への思いやりスキル

スキルの目的

「自分への思いやり」で心に余裕を持つ練習をして、不安という感情に囚われて行動できなくなる代わりに、今できることを見つけて行動できるようになる術を身につけます。なぜなら未来を作るのは今の行動だからです。

「自分を思いやることで不安と向き合う」という方法があなたの習慣になれば、それを見て子どもも不安への対応を学んでいくことでしょう。中学受験で一番不安を抱えているのは子ども。だから親であるあなたがこのスキルを身につけることは、不安を抱えている子どもを救うことでもあるのです。

そしてもう一つ、このスキルには目的があります。自分を思いやることを習慣

にしてWeek2、Week3で他者への思いやりスキルの基礎を築くことです。

スキルの説明

ハグをすることで脳内に幸せのホルモン「オキシトシン」が分泌され心身ともにリラックスした状態になると言われています。ストレスが緩和されるそうです。

不安になると自然と腕をさすったり体を抱え込んだりしませんか？　また誰かにハグされると安心しますよね。それと同じことです。

トライ！

ワーク（P151）

「どんな不安を感じているのか？」を書き出し、親友ならそうしてくれるように「わかるよ」と共感しながら、自分を思いやってあげましょう。そして最後はハグ。

トライ!

自分への思いやりスキル

第一志望落ちたらどうしよう	⇨ わかるよ、その不安な気持ち	⇨ ハグ
	⇨	⇨ ハグ
	⇨	⇨ ハグ
	⇨	⇨ ハグ
	⇨	⇨ ハグ
	⇨	⇨ ハグ
	⇨	⇨ ハグ

どんな気づきがあったかな?

....

....

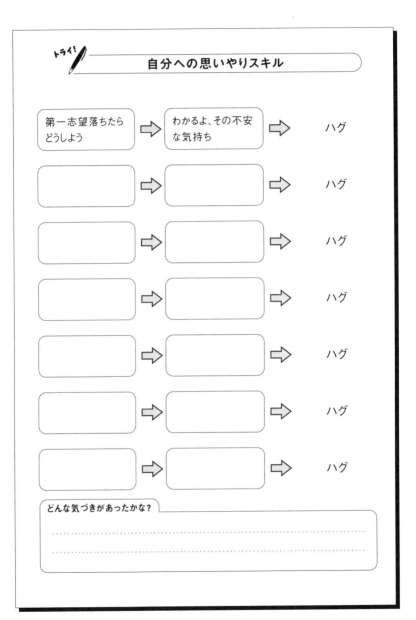

今日のひとこと

Self Compassion

自分への慈しみ

自分を否定していじめる代わりに、自分の価値と存在を肯定して、ダメなところは許して癒し、不安を感じる自分も受け入れて進んでいく。振り回されてへとへとになる代わりに、守るべきものをしっかりと守り自分軸で進んでいく。もちろん、時には厳しさも必要ですが、それはいじめる厳しさではなく、何があっても自分を回復させて前に進める厳しさです。自分軸に責任を持つ厳しさです。

でもそれすらもまずは優しさがなければできないこと。自分に思いやりを持った態度で向き合えれば、他者の気持ちに寄り添うことも自然とできるようになります。そうしてあなたは自分だけではなく、誰かにとっても心理的安全性が担保された安全安心な存在となっていくのです。

中学受験に挑む子どもにとって必要なのは、「勉強しなさい」「こんな点数じゃダメ」「もっと頑張って」という叱咤激励ではなく、全ての不安を包み込んでくれるハグ。それができる親。だからまずは自分から。

Week 1の振り返り

他者へ向き合う前の準備体操

どれだけ大切で愛していても、子どもにだけ肯定・受容・尊重・寛容ベースの声かけをしようとするのは無理な話です。子どもにだけ優しくする、やる気を期待する、オープンな心で向き合うなんてことはできません。なぜなら私たちは自分にすることを他者に対してもするからです。だからこそこの1週間あなたは自分に向き合いました。

よく頑張ったね。

自分への声かけを肯定・受容・尊重・寛容ベースにすることを知ったあなただからこそ、夫や妻、子どもに対しても同様のことができます。あとは繰り返し実践をして習慣化するだけです。

さあ、次はＷｅｅｋ２。いよいよ家庭の空気を作り出す夫婦、子育てのパートナー同士が共通の課題である「中学受験において、最高の結果を導き出す」ために二人で最適解を見つけ、協働することで最強のチームになるための実践をしていきます。ママ・パパチームは子どもの安心安全のベースです。中学受験の準備期間中、ママ・パパチームが目的と手段を共有することが子どもの学力と非認知能力の育成の鍵を握ります。

Ｗｅｅｋ１での３週間チャレンジ後の自分

＊ここは本書の最後まで実践した後に読んでね。そこでちょうど３週間だから。

どんな変化があったかな？

この本を最初に手に取って、最初の１週間が終わって、そこからさらに２週間スキルを磨いてきました。

実践できない時もあったことでしょう。でもこの本を読んで学んだスキルはきっといつでも頭の片隅にあったはず。それは必ずあなたの成長と変化の糧になっています。

ここでまた「自分の現状認知クイズ」（P78）をやってみましょう。どんな変化がありましたか？　〇を一つ減らすことが3週間チャレンジのゴール。

一つ減らせたかな？　もしかしてゼロだったかも？　大丈夫。時間をかけてゆっくり減らしていきましょう。

「時間がかかるな」という見方もあるかもしれないですが、時間をかけるからこそ強固になるのです。

一つ以上減らせた？

Good job!　Keep on going!

トライ!

3週間後の現状認知

P78の「自分にどんな声かけをしている?」
「自分の現状認知クイズ」をもう一度見直してみましょう。
3週間経ったいま、どんな変化がありましたか?

言語（声かけ）

- □なんで私はできないのだろう
- □どうして何回も間違うのだろう
- □どうせ私なんてこの程度
- □受験に失敗した自分はだめ
- □自分が好きじゃない
- □私なんて全然ダメ
- □なんでもっと頑張れないのだろう
- □どうせ無理なんだから
- □また失敗する
- □やっても無駄
- □失敗が怖い
- □失敗したら恥ずかしい
- □どうして私は○○さんのようにできないのだろう
- □どうせお姉ちゃんの方が上
- □私の学校の方がランキングが下だから恥ずかしい
- □○○に落ちたなんて恥ずかしい
- □子どもが生きがい
- □子どもの人生を通して自分の人生を生きなおしたい、人生の巻き返しをしたい
- □子どもには自分のようになって欲しくない
- □子どもには失敗して欲しくない

非言語（行動）

- □自分の意見を言えない
- □人の目を気にする
- □常に正解を探してしまう
- □自信がない
- □やりたいことがない
- □やりたいことがあっても一歩を踏み出せない
- □良い子の人生を歩いてきた
- □つい完璧を求めてしまう
- □完璧主義
- □なんでもきちんとやらないといけないと思ってしまう
- □他の人がきちんとやらないとイライラする
- □「こうするべき」に縛られている
- □自分を見失っている

どんな気づきがあったかな？　3週間前よりいくつ減ったかな？

第 2 章

Week 2
非認知能力を育む②

どうやったら受験を支える子育てチームになれるのだろう

～中学受験を成功に導く子どもへの声かけ、その前哨戦となる7日間～

Week 2の進め方

ゴール

- 子育てチームになるために7日間二人でスキルを実践する
- 3週間チャレンジ終了後に「子育てチーム度現状認知テスト」で○を一つ減らす

スキル:3つのNGと4つのDO

NG
子育てチームの育成を阻害する習慣を見直す見直す
(3つのNG)

Do
子育てチームが育まれやすい習慣を作る
(4つのDO)

NG **Day 8** 「勝ち・負け／白・黒」の決着をやめる

Do **Day 9** 共感力・柔軟性・自制心・社会性・協働力を高める子育てチームのルール作り

NG **Day 10** 「知っているはず」という思い込みをやめる

Do **Day 11** 好奇心と探究心で正しい情報を共有する

NG **Day 12** 「みんな」と「後光」にフォーカスすることをやめる

Do **Day 13** 選択肢を広げることで楽観性を高める

Do **Day 14** 「目的」「方針」「目標」「手段」の共有で協働力を高める

Finish!

この7日間が勝負

子どもにだけポジティブな声かけをしようとしても無理、ということはWeek1目で学びました。まずは自分の中に肯定・受容・尊重・寛容ベースの声かけで安心安全な環境を作ることが最初のステップでした。

Week2は子どもを壊す中学受験ではなく、その後の長い人生を生きる子どもが中学受験を通して非認知能力を高める環境を作るために、夫婦、子育てのパートナーの間に安心安全な環境を作ることを学んでいきます。

個人の非認知能力を高めた後、それを見える化してチームを作っていくために最も効果的なのはディスカッションの仕方を学ぶことです。

中学受験の期間は夫婦で話し合うことがたくさんあるでしょう。そこで自分と同様に相手に対しても厳しい対応ではなく、違いを肯定し、相手をありのままに認め、否定や批判の代わりに肯定・受容・尊重・寛容ベースで声かけができたらどうでしょうか？　子どもを壊さない中学受験という共通の目的に向かって話し合うことができたらどうでしょうか？　きっと論破や対立、抑圧、我慢ではなく、愛する我が子にとって最適解を見つけ、協働する環境ができ上がるはずです。

話し合える環境づくり

そんな環境でこそ子どもは安心して挑戦することができ、失敗を克服することができ、非認知能力を伸ばしていけるのです。そして学力も最大に伸ばしていくことができるのです。いかがですか？　この7日間の学びに対して、最高にワクワクしてきましたか？

ですが、夫婦どちらか一方だけがそのような環境を作ろうとしても無理。子どもの心に安心安全な環境を作ろうとしても、家庭の中に心理的安全性を担保する環境ができていなければ無理です。そのためにこの7日間は夫婦揃って実践します。そうすることで家庭内に心理的安全性が担保された環境が生まれます。我が子にとって最適なことは何だろうと考えることで、自分軸の中学受験の応援軸ができます。そんな環境でこそ子どもは安心安全を感じ、学力を最大に伸ばしていくのです。

そのために何と言ってもこの7日間は夫婦がママ・パパではなく、子育てチームとなることにフォーカスしましょう。この7日間はＷｅｅｋ1の応用が中心です。Ｗｅｅｋ1で自分に対してしてきたことを、相手に対して、そして一緒にできるようにしていきます。

チームは自然とできるものではない

一人ひとりがどんなに優秀で正しくても、協働できなければ弱い。結局は個人の能力や考えの域を出ないからです。一人でも弱いのに協働どころか論破や我慢で敵対したらますます弱くなるだけです。そのためにも共通の課題に向かって協働する子育てチームとなることが重要です。

ですがチームは自然とできるものではありません。夫婦になったから、パートナーになったからといって自然と子育てのチームができ上がるわけではないのです。お互いをありのままに受け入れ、違いを乗り越え、共通の課題に向き合うことでチームになり、最大の結果に繋げるために協働することでチーム力が高まります。子育てチームになるからこそ、家庭の中に子どもが安心安全を感じる環境を作ることができます。チーム力を高めるからこそ、最大の結果を手にすることができます。そのためには「二つのあること」が必須です。

子育てチームになるために必須の「二つのあること」

チームビルディングがうまくいかない理由は「二つのあること」が欠如しているからです。そしてそれは夫婦間も同様です。その「二つのあること」とは「話し合い」と「なんのために」という目的の共有です。

子育てチームの構築に必要なあること①

話し合いの基本と話し合いに必須の非認知能力を身につける

子育ての当事者同士が話し合いを通じて最適解を見つけることが家庭の中に心理的安全性を生み出します。そのために、まずは話し合いの基本を身につけます。この基本さえあれば、どんな話し合いの時にも応用できて、話し合って問題解決していくプロになれます。そのプロセスを通して自分に対する、そして他者に対する非認知能力がますます高まっていきます。

子育てチームの構築に必要なあること②
「何のために」の共有

チーム力（協働力）を高めるには共通の目的を共有して解決策を一緒に実践することが大切です。共通の目的とは「何のための子育てなのか？」です。中学受験はその目的を達成するための手段の一つでしかありません。Week2の最後、Day14で「何のための子育てなのか？」に向き合いますが、その時に二人で話し合って、最適解を見つけ共有できるためにも、まずは話し合いの基本をしっかりと身に付けていきましょう。

建設的な話し合いと「何のために」の共有でわが子にとっての最適解を一緒に考えていく。自分たちにとって正解な中学受験応援軸を作る。そしてWeek3の子どもの意見に耳を傾ける土壌を整える。そこにフォーカスした7日間です。

ポイント

・子育てチームのベース作りの7日間

・子育てチームになるために必須の話し合いとは？
・話し合いが苦手な3つの理由
・子育てチーム度現状認知

ポイント1

子育てチームのベース作りの7日間

親はどんな時も見守る応援団であること

中学受験における親の役目は応援することです。言葉を換えれば「見守る」こと。成績がなかなか上がらなかったり、やる気がないように見える時もあるでしょう。成長が感じられなくて「大丈夫なのかしら」と心配になることもあるでしょう。でも安心してください。子どもはちゃんと成長しています。問題はどんなふうに成長しているか、です。そしてそれを左右するのが子育てチームの子どもに対する向き合い方です。

そのために論破や我慢ではなく、話し合いで最適解を見つけるディスカッションの方法を学び、家庭の中にも安心安全な環境を担保する術を学びます。そして「なんのために」を共有してわが子にとって最適な中学受験応援軸を作る。

それが最強の子育てチームの鍵。さあ、それでは子育てチームの構築に取り掛かっていきましょう。

ポイント2　子育てチームになるために話し合いのプロになる

中学受験で夫婦に求められるのが話し合い

中学受験の期間中はとにかく話し合うことがたくさんあります。「なんのための受験なのか？」「どう子どもに向き合うのか？」「どこを受験するのか？」など、どれも命令や指示で解決してはいけない案件が満載です。

お金のこともそうでしょうし、仕事を続けるのか辞めてサポートに徹するのか、中学受験のために家族で転勤する代わりに単身赴任するなど、家庭運営の根幹に関わるような案件も発生することがあります。でもあなたはそれを「話し合い」で解決していますか？　それとも正論のぶつけ合い、論破、我慢、諦めで解決しているでしょうか。実はここでしっかりと話し合うことを身につけることで、Ｗｅｅｋ３の子どもへの向き合い方、声かけがより効果的にできるようになります。

話し合い（ディスカッション）は「違う」が前提

多様な人たちが一緒に暮らしていくためには意見の違いからいろんな課題が発生します。それを解決するのが話し合い（ディスカッション）です。それはさまざまなバックグラウンドで育ってきた人が共通の課題を解決するために思うことを言って、最適解を見つける作業です。ですから「どちらかの言い分が１００％通る」というような勝ち負けではなく、「双方が少し勝って少し負ける」ことで第３の最適解を生み出すWin-Winの作業なのです。

多様性とは何も国や使う言語や宗教観そして身体的特徴だけではありません。そもそも人はそれぞれが違う個性なのですから。なぜなら生まれ育った環境が全く同じということはないからです。私たちは家族、友人、学校、地域の人々、地域や国の文化、政治、経済、メディア、宗教などあらゆる影響下で育ちます。そこで「個性」を育んでいきます。ですから見た目だけじゃなくて考え方も違って当たり前なのです。そして家庭内にすら存在するのが「多様性」です。夫婦といえども所詮は他人です。ですから「違う」が前提なのです。

ポイント3 話し合いが苦手な3つの理由

話し合いが苦手です、という声をよく聞きます。それには理由があるのです。

理由その1 話し合い（ディスカッション）の経験不足

私たちは学校や家庭で命令・指示という「言われたことを言われたようにやる」

トップダウンのコミュニケーション環境で育ってきました。そこでは「意見を言う」ことは求められず、質問をしたら「面倒な子だ」と思われておしまいです。何か言ったりしたら「口答えするな」なんて言われたことはありませんか？　そもそも「違う」ことは認められず、「みんな同じ」が求められていました。

話し合うことが求められず、必要とされなかった今の親世代は、学校でも家庭でもディスカッションの仕方を学んでこなかったのです。だからこそ意見が異なる時に私たちは正論のぶつけ合い、論破、我慢、諦めという解決方法をとり、その結果、モヤモヤやイライラが募ったり、言い合いになったりするのです。

理由その2　非認知能力の育成が問われる以前の世代

非認知能力の重要性が問われる以前の親世代は、共感力・柔軟性・自制心・社会性・協働力という話し合いに必須の非認知能力を育成する機会が十分ではなかったことも要因に挙げられます。

相手の立場に立って思いやり（共感力）、自分の意見だけが正解ではないと広い視野で物事を見ることができて（柔軟性）、言ってはいけないことを言わず（自制心）、

「なんのために」を見据えて社会（家庭）の役に立つ一員となっていき（社会性）、そのために一緒に頑張る（協働力）。これらはＷｅｅｋ１に身につけた自己肯定感に加えて、建設的な話し合いには必須です。Ｗｅｅｋ２では、そんな他者に対する非認知能力を身に付けていきます。

理由その3 認知バイアス

生まれ育った中で私たちが身につけていくのが個性ですが、その過程で形成されるものにＷｅｅｋ１でも説明をした「認知バイアス」と言われるものがあります。これはその人の考え方のクセで、私たちが意思決定をする時に先入観や経験に従って判断する心理的傾向です。ひとことで言うなら「決めつけ」とでも言えましょうか。これに向き合わなければ相手の話に心を開くことや、建設的な話し合いは難しくなります。そうして正論のぶつけ合いや論破、我慢、諦めというネガティブコミュニケーションに陥ってしまうのです。

ポイント4

「子育てチーム度」現状認知

お互いが今、立っている場所を確認する

Week2のポイントの説明が終わったところで、早速自分たちがお互いにどんなふうに向き合っているかを見ていきましょう。P172の質問に答えてください。少しでも当てはまると思ったら○をつけましょう。たくさん○がついたとしても大丈夫。だってそれだけ伸びしろがあるということですから。私は本当にたくさん伸びしろがありました！　だからこれはいわば「伸びしろチェック」！　そう思うと正直に答えるハードルが下がりますよね。

現状認知はパートナーと一緒にやってもいいし、1人でやった方がより正直になれると思う場合は1人でやるのもよいでしょう。その後に「答え合わせ」をすると「実は同じように感じていたんだな」という発見があったり、「そうかなあ」なんてお互いの認識のずれにも気がついて良いのですが、そこで喧嘩や批判になってては本末転倒。その可能性があると思う場合は、見せ合いっこするのは3週間

チャレンジが終わった後に再度現状認知をする時で大丈夫です。なぜって、その頃にはきっと喧嘩や批判とは違った行動を取ることを選ぶ自分がいるからです。もし「子育てチーム度」現状認知テストをやってみて2人の関係が否定・批判・命令・指示ベースで、リスペクトや対等な関係性を感じられない、ギスギスした家庭環境だと思っても大丈夫。私もそこからの出発でした。3週間チャレンジが終わった時に再度このクイズをやって、一つでも◯が減っていたら大成功です！

非認知能力に支えられた話し合いのスキルと、ブレない「何のために」という中学受験応援軸があれば最強の子育てチームとなることができます。その恩恵を受けるのは子どもです。この7日間、ぜひとも毎日2人で話し合いのプロ、そして最強の子育てチームを目指して「遊ぶように楽しく」作業をしてくださいね。

さあ、2人の7日間が、ここから始まります。OK! Let's do it!

トライ！

「子育てチーム度」現状認知テスト

- パートナーと子育ての方針が違うと感じる
- 子育ての方針についての話し合いがあまりない
- 意見が違う時は「話し合い」というよりは「言い合い」になりがち
- 喧嘩になるのが嫌だから自分の意見は言わない
- 否定や批判が怖くて自分の意見が言えない
- 特に子育てに関しては喧嘩になりがち
- 子育てに関しては相手の命令や指示に従っている感じがする
- 自分の意見は聞き入れてもらえない、どうせ言っても無駄と感じる
- 相手が上から目線
- 話し合いをしたいがやり方がわからない
- 話し合いをする時間がない
- 一緒に過ごす時間が少ない
- 子育てや家事以外でパートナーと一緒に何かをするということがあまりない
- 業務連絡以外で話すことがあまりない
- 子どもが悪い点を取ってきた時など自分のせいにされる
- 何かにつけて批判される
- 相手を批判しがち
- あまり相手から感謝されない
- あまり相手に感謝しない
- 子育てはママの仕事だと思う
- パパに子育てを任せるのは不安
- 毎日忙しすぎて相手のことを考える余裕がない
- 家庭の雰囲気がギスギスしていると感じる
- 家庭の中は笑い・笑顔よりも気まずい沈黙が多い

当てはまった数　　　　個

Week 2のゴール

・子育てチームになるために「話し合い」の基本を学び、「なんのために」を共有するスキルを実践する。
・3週間チャレンジ終了後に「子育てチームの現状認知クイズ」で◯をひとつ減らす。

Day 8

NG「勝ち・負け／白・黒」の決着をやめる

「認知バイアス」を認識。「横並びの同士」の土壌を作る

質問　論破って気分がいい？

ポイント　子育てチームに必要なのはWin-Winな話し合い

スキル　「タイタニック or n o t」スキル

必要なのは勝ち負けではなくWin-Winな話し合い

長い受験期間では協働することが必須になります。そうやって違う二人が一緒に子育てするからこそ安心安全な環境が担保されます。でもそこには違いを乗り越える作業が必要になります。それが話し合い（ディスカッション）です。

質問

論破って気分がいい？

偽りの合意効果が論破を作る構図

私たちは自分が正しいと思っています。自分の意見はいつだって自分にとっての正解だからそれはそれで正しいのです。しかし、問題はそこにある認知バイアスです。自分の考えは大多数の人と同じ、と思うことを偽りの合意効果と言いますが「自分が思うことはみんなもそう思うだろう」という認知バイアスがここで働いているのです。例えば「この学校がいい」と自分が思うなら「みんなもそうだろう」と思い込むことです。

この「認知バイアス」があるせいで、相手が同調しない時には「みんなもそう思っているのに自分の言っていることに同調できないなんて、この人は理性がない」という考えにに発展してしまいがちです。そうなるとどうなるか？　正論を押し付けて相手を説得しようとします。そして「勝ち」を取ろうとする。つまり論破です。

自分は正しい
偽りの合意効果
自分の言っていることに同調できないのは理性がないから
論破

論破が生むのは敗者だけです。そして論破が生んだ敗者は勝者に対して良い感情を持ちません。こうして敵同士になっていくのです。

ここではそもそもが違う二人が話し合いという舞台に立てるように、論破・敗者の構図をうまない予防策を身につけます。

スキル 「タイタニックor not」スキル

スキルの目的

正論のぶつけ合いや論破など、「勝ち負け」のマインドセットではなく、話し合いをする「横並びの同志」の土壌を作るのが目的です。

スキルの説明

タイタニック号は氷山にぶつかって沈没しました。正論のぶつけ合いはまるでタイタニックが氷山に突っ込むのと一緒です。双方とも玉砕します。話し合いをしようとする時に真っ先にするのが「勝負しない！」と確認する作業です。

トライ！

ワーク

これからの話し合いの初めに、必ず「タイタニック or not 玉砕したいか？したくないか？」で始めます。今日はその練習としてお互いにこの合言葉を言い合いましょう。今日はそこまで。

今日のひとこと

Win-Win

幸せな協働環境

人は誰だって負けるより勝つ方が好きです。だから勝とうとします。でもそうすると必ず敗者が生まれる。それではチームになりません。

二人とも勝つ鍵は双方とも少し勝って少し負けること。

相手の言い分に「良いところ」を見つけ、自分の言い分に「譲れるところ」を見つける。そして「どうしたらもっと良くなるか」と一緒に考えることです。

それがチームワークの鍵です。お互いから学ぶ。それが二人をより強くそして優秀にしていきます。

一人の能力なんてたかが知れていますが、二人なら一人よりもずっと遠くに行けます。それがチームワークのなせる業。そう思うと論破なんて意味ないと思えてきませんか？

Day 9

Do

共感力・柔軟性・自制心・社会性・協働力を高める子育てチームのルール

ルールを守って他者に対する非認知能力を高める

質問 ルールは自分も相手も縛るもの?
ポイント 話し合いには守るべきルールが必要
スキル 「子育てチームのディスカッション3ルール」スキル

話し合いにはルールがある

Day8で「横並びの同志」の土壌を作ったら、今度は実際に話し合う際に必要なルールを守ることで、建設的な話し合いのプロになっていきましょう。そして子どもにとって最適な答えを見つけていく子育てチームを目指します。

論破にルールはありません。勝つためにはなんでもありだからです。ですがディスカッションにはルールがあります。なぜならディスカッションとは共通の課題を解決するために多様な個性・考え方の最適解を見つけていく作業だからです。

質問

ルールは自分も相手も縛るもの？

ルールとは安心安全を担保するためのツール

「ここまではいいけど、ここからはダメ」という線引きを明確にするのがルールです。ルールとは「自由を奪う」ものではなく、反対にそのルールの中でのびのびとやってくださいという、人を解放するツールです。この範囲内なら大丈夫という安心安全を担保する大切なものです。

話し合いのルールがあると……

・勝ち負けではなく「対話」「相談」「交渉」ができるようになる
・愛とリスペクトのある良好な人間関係が築ける

・判断に迷った時に当初の思いに立ち返ることができる
・子どもは安心する
・子どもは大人二人のお互いへの接し方から良好な人間関係の基礎を身につける

ルールはスポーツやゲームだけではなく、子育てチームにも必要です。その最たるものが夫婦の間の話し合いのルールです。二人が話し合いで我が子にとっての最適解を見つけ、協働していくことで最大の結果を得ることができます。

共感力・柔軟性・社会性・協働力と言う他者に対する非認知能力もどんどん高まっていくものなのです。

スキル

「子育てチームのディスカッション3ルール」スキル

スキルの目的

子育てチームとして違いを受容し乗り越えて話し合えるようになるのが目的です。そのために共感力・柔軟性・自制心・社会性・協働力を高める「言語」「非言語」のコミュニケーションを徹底します。

＊言語・非言語のコミュニケーションに関しては、Week3で説明します。

スキルの説明

基本姿勢とNG／DOの徹底をしましょう。中学受験の準備期間は特に夫婦で話し合う時間が増えます。これらのルールを守ることで話し合いながら共通の課題に対する最適解を見つけ、共感力・柔軟性・社会性を発揮して協働する最高のチームになりましょう。

*今後のワークによってもっとルールが必要と思うところには「ルール」を加筆していきます。

トライ!

ワーク（P184～185）

P184～185のルールを紙に書いて見えるところに貼っておきます。子どもも見えるところに貼っておくと自然とそれが家族のルールにもなっていきます。なぜなら子どもは親のことを必死に観察していますから、親のやることに興味津々です。しかも親が何か面白そうなことを始めたのですから、好奇心をくすぐられることでしょう。そしてそんな子どもの視線を感じると、親も自ずと「ルールを守らなければいけない」と覚悟しますよね。

NG ルール③　共感・柔軟性・社会性・協働力を高めるためにやめる否定・批判・非難・拒否の言葉　（言語のコミュニケーション）

NGワードは言わないことを徹底しましょう。そして、「何を言うか」よりも「何を言わないか」が大事です。

- だめね、そんなことじゃ
- あなたには無理よ
- だから言ったでしょう、間違っているって
- 自分の時はこれで大丈夫だった
- 言う通りにすればいい
- こんなことやったって無駄だよ
- こんなワークって意味あるの?
- 勝手にやれば
- 言う通りにして
- 言わなくてもわかるでしょ

※これはコーチ重子の例です。夫婦で言いがちなNG ワードも加えましょう

あなたとパートナーが言いがちなNGワード

どんな気づきがあったかな?

トライ!

自分たちのNGワードを加えましょう

Do
ルール ① 共感・柔軟性・社会性・協働力を高める
基本姿勢 (非言語のコミュニケーション)

まずは態度でポジティブな印象を与えましょう。

- 笑顔
- 同じ目線(物理的に)
- 相手の話は頷きながら聞く
- ながら聞きはしないでフォーカスする
- 「夫婦間の意見の違いは当たり前」が前提
- 「子どものために」を常に念頭に置く

Do
ルール ② 共感・柔軟性・社会性・協働力を高める
言葉 (言語のコミュニケーション)

次に、親の非認知能力を高めるポジティブな声かけをたくさんしてくださいね。

- DOワードをたくさん使う
- ありがとう
- すごいね、こんなこと知ってるなんて
- 忙しいのに一緒にやってくれてありがとう
- 楽しいね
- あー、その視点なかった
- なるほど、そう思うんだね
- 自分の考えとはちょっと違うけれど、それもありだよね
- 一緒にやってみよう

※共感とは同意や同感ではありません。相手の意見を肯定することです。理解を示すことです。

今日のひとこと

Respect

尊敬

「ルールを守る」ことは相手に対するリスペクト（尊敬）。
そして、お互いが気持ちよく生きていくために守るべきこと。

恐怖と厳しさで縛るのがルールではありません。

そう思うとルールってなんとなく愛しく思えてきませんか？
これがあるから喧嘩にならない、なっても仲直りしやすくなる。
そう思うと、ルールは厳しいものというより、
なんとも愛にあふれたものに思えてきませんか？

Day 10

NG

「知っているはず」という思い込みをやめる

お互いの「知っている」「知らない」をすり合わせてわかること

質問　自分の常識は相手の常識？

ポイント　認知バイアス「知識の呪縛」に向き合う

スキル　「知ってる？　知らない？」スキル

横並びの同志という土壌とルールがあるだけじゃ足りない

建設的な話し合いをするための土壌とルールを守っても、実はまだ足りません。私たちは往々にして相手も「知っている前提」「わかる前提」で話しがちです。それに加えて私たちは「知らないことは恥ずかしい」と思いがちで、素直に「知らない」を言えなかったりします。そうして二人の間に認知のズレがあるまま話し合いが進んでいきます。これではうまくいきません。知っていることと、知らないことをお互い確認することでより建設的な話し合いができるようになります。

質問

自分の常識は相手の常識？

「え？　なんでわからないの？」険悪なムードを作りがちな知識の呪縛

私たちは自分が知っていることは相手も知っていると思いがちです。これは知識の呪縛といわれる認知バイアスです。

この認知バイアスの影響で、私たちは相手も同様に理解している前提で話しがちなのです。だから相手が知らなかったりわからなかったりすると「知らないなんて理解できない！」と思ってしまう傾向にあります。

ふたりの知っていること、知らないことをすり合わせる

最強最愛の子育てチームを作る第一歩は、「知っているはず・わかるはず」とい

自分は知っている・わかる（常識）
知識の呪縛
知らない、わからないなんて理解できない
認知のずれで険悪なムード

う思い込みから自分を解放することです。

チームを作るためにはお互いが同じステージに立つことが大事です。そのためにはお互いが知っていることと知らないことに関してすり合わせをすることが必須です。その時に「え？　なんで知らないの？」「こんなこともわからないの？」はルール違反です。禁句にしましょう。この言葉が発せられた瞬間、相手は守りに入って心を閉ざしてしまいます。それではチーム作りの舞台にすら立つことはできません。

思わず口から出そうになったら、「自分の常識は相手の常識なのだろうか？」と一呼吸おきましょう。これはWeek1の**Day4**で学んだクリティカル・シンキングの応用です。またお互いに知っていると思っていることが同じ理解かを確認することも重要です。これはDay12でやります。

スキル

「知ってる？　知らない？」スキル

スキルの目的

お互いが知っている情報をパートナーとすり合わせることは、同じ舞台に立って話し合うには必須の作業です。「知っていること」と「知らないこと」を明確にします。

スキルの説明

話し合いは「違う」が前提です。だからこそお互いが「どこにいるのか」を把握することから始めます。それはお互いが何を知っていて、何を知らないのか、を確認する作業です。

今日は実際の話し合いの初日です。まずは話し合いのルールを守ることを徹底しましょう。そして徐々に共感力・柔軟性・自制心・社会性・協働力を高めていきます。話し合う際に言ってはいけない言葉は以下の通りです。

・P184〜185のNGワード
・なんで知らないの？
・こんなことも知らないの？　普通は知ってるでしょ
・知らないなんて受験に興味なさすぎ

トライ！

ワーク（P193）

知っているか？　知っているならなぜ知っているのか？　今日はまずワークシートに沿ってそこまでを記すのがワークです。

一緒にやる時、または別々にやって答え合わせをする時、ＮＧワードとＤＯワードを徹底することが大切です。

トライ!

子育てチームとしてお互いが何を知っていて何を知らないか「今の場所」を確認しましょう

中学受験の知識	知ってる	知らない	なぜ知ってる?	何を知ってる／Day11	知る方法は?／Day11	一緒にやってみる／Day11
近所の公立校の現状						
公立校にかかる費用						
私立中学にかかる費用						
中学受験にかかる塾の費用						
中学受験の塾の種類						
中学受験の塾、各校の特徴						
塾の良し悪し						
中学受験をする子どもの日常						
通える範囲にある私立校とその特徴						

どんな気づきがあったかな?

今日のひとこと

Ask Questions

質問する

知らないことは恥ずかしいことでもダメなことでもありません。それに「知らない」ということを「知った」だけでもすごい！

「知らない」ことを認めることでわからないことをわからないままにしておくのではなく、解決する。そうやって「知っている」が増えていきます。

Week1で自己肯定感を高めるワークをしたからこそ、可能になるのが「質問する」ことです。だって「知らない自分」がダメだなんて思わないのですから。反対に「知らない！」と言うことで知識を増やした自分は最高に偉い！

だからどんどん質問しましょう。そしてそんな自分を褒めてあげて下さい。

Day 11

Do

好奇心と探究心で正しい情報を共有する

クリティカル・シンキングとロジカル・シンキングのプロになろう

質問　その情報は正しいのだろうか？

ポイント　「本当にそうだろうか」が基本

スキル　応用編：好奇心と探究心を育む「クリティカル・シンキング」「ロジカル・シンキング」スキルのプロになる

今求められる「正しい情報を知る力」

Day8で話し合いの土壌を作り、Day9で建設的話し合いのルールを学び、Day10で知っていることと知らないことのすり合わせをしました。

さあ、ここからが我が子にとって最適最大の自分軸による中学受験応援軸作りの最終段階です。それは正しい情報に基づいて判断するということです。

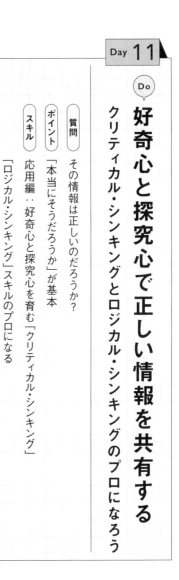

ここでもまたWeek1の**Day4**で学んだクリティカル・シンキングと**Day6**で身につけたロジカル・シンキングを応用します。この二つの思考法は学校で学んできていないにもかかわらず、人生で最も重要な思考法ですから、何度も繰り返し練習していきます。

質問 その情報は正しいのだろうか？

最強最愛の子育てチームがベースとするのは「正しい情報」

Day10ワーク（P193）の質問事項に「なぜ知っているのか？」という項目があります。ここにもしあなたが「○○さんが言っていた」「みんな言っている」「常識だから」などと書いた場合は、ぜひ疑ってみてください。「本当にそうだろうか？」と。

ことは最愛の我が子の将来です。正しい情報に基づいて最適解を見つけたいですよね。ですがこれが意外と難しい。というか、あまりやらない。情報の正確性の確認は飛ばしてしまうステップの筆頭かと思います。そうして「○○さんが言っていた」「みんなが言うならいいはずだ」と不確かな情報をベースに決めてしまったりするのです。

序章でも触れた通り、中学受験も教育も過渡期にあります。教育方針も、今後力を入れていくところも、「ランキング」も今、日本では同様です。だからこそ正しい情報を集め、ふたりで共有し、同じ理解のもとに、ありのままに見つめた我が子にとっての最適解を見つけるために話し合うことが重要です。

スキル

応用編：好奇心と探究心を育む「クリティカル・シンキング」「ロジカル・シンキング」スキルのプロになる

スキルの目的

話し合いで双方が納得するブレない中学受験応援軸を作るために、好奇心と探究心を刺激して正しい情報を見つけて共有します。

スキルの説明

Day10のスキルでお互いに「知っていること」「知らないこと」を発見しました。今度はお互いが必要なことを「知る」、次に知っていることの内容が「同じか」、「正しいか」を確認します。

最も正確な情報は一次ソースと言われるその調査や実験を行った団体や個人が出した報告書になります。一次ソースを引用して書かれた記事などは二次ソースと言われ、書いた人の分析や意見が入りがちですから客観性に欠けることがあります。子どもの将来を左右する中学受験に関することだからこそ、参考にする情報は、可能な限り一次ソースを参考にするようにしましょう。

好奇心と探究心を育む「本当にそうか？」のクリティカル・シンキングと「論

理的に説明可能か」というロジカル・シンキングをフルに活用して正しい情報をベースに考える習慣を身につけましょう。**Day9**、**Day10**で作成したNGワードのルールに、次のルールを追加してください。

追加のルール

ここでは**Day9**のディスカッションの基本①「共感・柔軟性・社会性・協働力を高める基本姿勢」、②「共感・柔軟性・社会性・協働力を高める言葉」、③「共感・柔軟性・社会性・協働力を高めるためにやめる 否定・批判・非難・拒否の言葉」に加えて、次の3つをルールに加えてくださいね。2人で作業をする場合、最も大切になるルールです。これはWeek3で子どもに向き合う時の準備体操になります。そう思うと「守ろう」と思えてきますよね。親は子どものためならすごい力を発揮できますから。

ルール1：片方が知らない場合は教えない、が基本

・「教える」はNGです。お互い大人ですから、教えられるよりは自分で答えを見つけたいですよね。だからこそ教えられると心を閉ざすことにもなりがちなのです。

ルール2：双方の認識が違う場合は一緒にやろう、ありがとう、認めるが基本

・認識が違う場合は「一緒に調べよう」が基本。そうしてぜひ「ワクワク」しながら答えを探してくださいね。

ルール3：双方の理解が違う場合

・双方が「知っている」と言っても知っている内容が違うということがあります。その場合、一方の理解が合っていてもう一方の理解が間違っていたなら「ほら、自分の言った通りだろう、このくらい常識だよ」という対応はNGです。正解は、「一緒に学べる機会になってよかったね。ありがとう」です。

・自分が知っていると思ったことが間違っていた場合は、正しい情報を得ることができたことに感謝します。そんなふうに捉えることができる自分を褒めて、認めてあげましょう。

お互いにこれらのルールを守ることでますます肯定・受容・尊重・寛容ベースのコミュニケーションのプロになっていきます。そして、そんな二人が作り出していくのは安心安全が担保された、子どもの非認知能力、そして学力が最大に育まれていく環境です。

トライ!

ワーク（P193）

Day10のワークの表の中に記載してあるDay11の欄を一緒にやってみましょう。お互いが知っていることに対して「本当にそうだろうか？」と問いかけながら一緒に確認作業を行います。一次ソースを一緒に調べたり、読んだりして「目的」「方針」「目標」「手段」を決めるために必要な正しい情報を集めましょう。

情報はたくさんあればいいのではなく、正しい情報があることが大切です。この姿勢は情報過多になりがちな中学受験の準備期間には重要になります。

今日のひとこと

thinking Mind

考える心

情報にあふれる社会だからこそ、見極め、選びとる力が求められます。
見極めるのはスキル。
選び取るのは「守るべきもの」がわかっているからできること。

愛する我が子の未来のために、必要な情報とは何か？
愛する我が子にとって知るべきことは何か？

これからますます重要になっていく情報との付き合い方を学べば変化に淘汰される前に対応できます。変化に飲み込まれる代わりに乗りこなせるようになるのです。そのためにもクリティカル・シンキングとロジカル・シンキングをフル活用して、ぜひとも思考して下さい。

ほら、あの有名な哲学者も言ってました。「考えるゆえに我あり」って。

Day 12

NG

「みんな」と「後光」にフォーカスすることをやめる

我が子にとっての最適解を見つけるために

質問　子どもについて何を知ってる？　私は子どもを本当に知ってる？

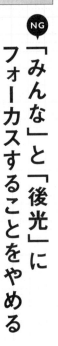

ポイント　バンドワゴン効果とハロー効果の呪縛から脱出する

スキル　「みんな」「後光」に別れを告げる「最愛の我が子」スキル

他者の声に振り回されないスキルを応用

Day12で学ぶことはDay4のクリティカル・シンキングと、Day6のロジカル・シンキングの応用です。これらは人生で最も重要な思考法ですから、何度も繰り返し練習していきます。

この二つの思考法を駆使して、「こうあるべき」、「みんなが言っている」に挑戦して、我が子にとって最適解を見つける手助けをし、我が子にとって最適な自分軸の中学受験応援軸を作っていってくださいね。全ては究極の目的を達成するために。

質問

子どもについて何を知ってる？
私は子どもを本当に知ってる？

自分の子どもを「知らない」原因はこの二つの認知バイアスが原因

Day5では他者の意見に振り回されないために「なにがあっても守るべきもの」を明確にしました。その一つには家族や子どもが入っていたことでしょう。ここでは「なにがあっても守るべき存在」である我が子を知ることで、我が子にとって最適最大な自分軸の中学受験応援軸を作る土台を築きます。

子育てチームが機能するためには話し合う土壌を作り、建設的な話し合いで最適解を見つけるためのルールを守り、お互いが同じステージで話し合えるように知っていることと知らないことをすり合わせる作業をしました。

でも、自分軸の中学受験……子育てチームになるためにはまだ十分ではありません。2つの認知バイアス、「バンドワゴン効果」と「ハロー効果」に向き合って我が子を客観的に見ることが必要になります。

しかし、この二つの認知バイアスは非常に厄介で、これに縛られているとどうしても他者の意見に振り回されやすくなりますから、ここでしっかりと向き合っていきましょう。

バンドワゴン効果のなせる業

Week1でも学びましたがこれは「勝ち馬に乗る」的バイアスで、多くの人が支持しているからいいに違いないだろう、と思うことです。例えば「みんなが良いと言っている学校は良いに違いない」と思い込むことです。

たくさんの人が「良い」と言っていれば引きずられてしまいます。それには理由もあるでしょうから。

多くの人が同じことを思っている
バンドワゴン効果
良いに違いない
正しいことをしている・安心

人はこういう思考で鵜呑みにして「安心」しがちです。実は私にはこんな経験があります。娘がアメリカで幼稚園受験した時、2つの園に合格しました。両方とも高校までの一貫校でしたが、学校の雰囲気は全然違っていました。

結局、大統領のお子さんたちが行く一番人気だった学校を辞退して、ボーヴォワールという幼稚園を選んだのです。その時「ゴールデンチケットをなぜ捨てるの？」と本当にたくさんの方に言われました。

でも私にはどうしてもその幼稚園の雰囲気が娘に合っているとは思えなかったのです。確かに素晴らしいところではあったのですが、娘の心の大元である自己肯定感を育むのは「子どもをそれぞれの繭に包むように自己肯定感を育む」と言ったボーヴォワールの方が向いているように思えたのです。

先生の接し方もボーヴォワールの方が娘には合っているようでした。今でも、あの時のバンドワゴン効果に引っ張られなくてよかったと思っています。

ハロー効果のなせる技

これもＷｅｅｋ１の復習です。ある対象についてその人の見た目（肩書き、外見、学歴などの目に見える特徴）に引きずられてその他の評価も高くなったり低くなったりすることです。例えば偏差値の高い学校に通う子どもはそれだけで優秀で幸せで成功していると思ってしまう。肩書きの立派な人は全てにおいて立派だと思い込む。これをハロー効果と言います。ハローとは英語でＨａｌｏ、後光のようなものです。

こんなことから親は子どもを偏差値の高い学校に行かせたいと思ってしまいがちなのです。実は子どもを失敗させたくないという親の愛やバンドワゴン効果以外にも、こんな認知バイアスも偏差値信仰に拍車をかけているのですね。

他者の声と別れることで見えてくるもの

我が子にとって最適の中学受験応援軸を作るには「みんな（バンドワゴン）」「後光（ハロー効果）」に惑わされないことが鍵です。

中学入試の形式がいろいろと広がっている中、「自分の子どもにとっての良し悪し」という学校選びの基準が必要です。「自分の子どもにとって大切なこと」「自分の子どもを伸ばしてくれるところ」「自分の子どもが楽しめるところ」そんな学校の評価軸が偏差値以上に今後は大切になってきます。これについてはDay13で行いますが、まずここでは、その自分軸の学校選びの基準を作るため、我が子を知り、多面的に評価をし、さらに客観視できるようになるためのスキルを学びます。

スキル

「みんな」「後光」に別れを告げる「最愛の我が子」スキル

スキルの目的

我が子を知ることで「みんな」「後光」に惑わされないようにする。子どもを多面的に見ること、子どもの評価軸を「点数」「偏差値」以外に広げることが目的です。今回は我が子について知らないことを知るのがテーマになります。これが目的の最高にワクワクするワークです。

スキルの説明

我が子の強み、弱み、性格などについてふたりで情報を共有します。ここまでいろんな認知バイアスについて学びましたが、今回のワークで大切なのは最愛の我が子を客観視することです。

バイアスに影響されそうになったらDay4で学んだクリティカル・シンキングで「本当にそうか？」と問いを立ててくださいね。

ところで、我が子を客観視するのは結構難しい作業です。なぜなら親には子どもに対する期待や希望があって、どうしても事実ベースで見ることができない時があるからです。欲目というのもありますよね。そんな時は信頼できる誰かに聞いてみることもありです。自分の子どもだと客観視が難しくても、誰かの子どもだと案外客観視ができるものです。

トライ!

ワーク（P2-2）

二人で話し合いながら、またはそれぞれに回答した後に答え合わせをしてみましょう。お互い、子どもをどう思っているのか受け取り方の違いに新たな発見があるでしょう。話し合うことでさらに子どもの良いところが見えてくるはずです。

トライ！

最愛の我が子を客観的に知る

いつも見えている子どもの良さを自分の考えの他に、他人にも聞いてみましょう。思いがけない発見があるかもしれません。

子ども	どう思う	どうしてそう思う	客観的事実
強み・得意・好き・夢			
弱み・苦手・嫌い			
性格的な特徴			

どんな気づきがあったかな？

今日のひとこと

One and Only

唯一無二

我が子はこの世にたった一人のかけがえのない存在。命あってこその存在です。そんな我が子を最大に知り、我が子にとっての「最適」を見つけていく。

それは我が子の個性を肯定し、ありのままを肯定し、強みを導いていくことです。

それができるのは親だけ。

そんな向き合い方をしてもらえたら、あなたはどう感じますか？

Day 13

Do

選択肢を広げることで楽観性を高める

我が子にとって、最適な志望校選び

質問　選択肢は一つだけ？

ポイント　柔軟性が可能性を広げ、楽観性が不安や心配を軽減する

スキル　「この学校ワクワクするね」横並びの学校選びスキル

選ばれるのではなく「選ぶ時代」

これまでは点数で学校に選ばれる時代でした。ですがこれからは子どもの個性に合わせて学校を選ぶ時代なのではないでしょうか？

中学受験も教育も、過渡期にあるのは社会が変化しているからです。そして変化は加速しています。だからこそ「そんな世の中に送り出すために我が子にとって最も良い教育はなんだろうか？」「我が子を最大に伸ばしてくれる学校はどこだ

ろうか？」「そしてそんな学校は一つだけなのでしょうか？」そして「学校選びの評価軸は偏差値だけなのでしょうか？」と考えてみる必要があると思うのです。

Day11で正しい情報の重要性を学びました。そしてそれを見つける方法も。**Day12**では子どもの評価軸を偏差値オンリーから大きく広げる練習をしました。今度は同様のことを学校選びに応用していきます。

ですからここではこれまで身につけたスキルをフルに活用して、いっぱいのワクワクでぜひともパートナーといろんな学校について知ることをエンジョイしてくださいね。自分の子どもはこの学校の偏差値にあといくつで足りるから入学できるかもしれない、もしくは、この進学率もいいこの学校に入れたいけれど、偏差値がどうしても足りないからチャレンジ校に位置付けなくてはいけない……そんな数字だけで判断をする学校探しではなくこんな楽しい学校探しもあります。これはWeek3に子どもと一緒にオープンマインドでワクワクするための準備体操です。

質問

選択肢は一つだけ？

人は選択肢がなくなった時に絶望する

たった一つの正解にしがみつくことが危険なのは、それがダメになった時に八方塞がりになるからです。そうすると悲観的になって建設的なことができなくなる。なにしろ出口が見えないのですから。そうしてクヨクヨ、心配、不安に支配されます。これでは成功する受験には結びつきません。

希望があるから人は前に進める

私たちは希望があるから前に進むことができます。ひとつがダメでも他に必ず大丈夫なものがある、と思えることで楽観的になり、前に進むことができます。

私たちは希望があるから生きていけるのです。そのために必要なのが選択肢で

正解は一つ　→　それ以外は全部ダメ　→　八方塞がり　→　絶望

す。選択肢は言いかえれば希望とも言えるでしょう。ひとつがダメになっても、ほかの道を進むことができると思うからこそ、人は前を向いて挑戦できるのです。中学受験においてもそれは同じこと。いくつか学校の選択肢があるからこそ、少し心に余裕を持って勉強に励み、当日のテストにも挑むことができるのです。

選択肢が広げる可能性

しかし、ここで大切なのはその選択肢、つまり選択した学校が全て「そこに行ったらいいことがある」という正解であることです。その選択肢が全て正解だからこそ、どれを選んでも可能性が広がるのです。だから選択肢として選ぶものは「正解」でなくてはいけません。

正解がたくさんある
↓
選択肢
↓
楽観的視点
↓
希望

希望を感じ、可能性を広げる「正解」の選択肢の作り方があります。それは子どもの個性や特性に照らし合わせてひとつひとつの選択肢が正解になるようにそれぞれの学校に「ワクワク」する一面を見つけることです。偏差値という判断基準ではなく、子どもが学校へ行くことを、友人と学び成長することを楽しめる、そんな「ワクワク」する基準です。

たくさんある正解

どれも正解

広がる可能性

スキル

「この学校ワクワクするね」横並びの学校選びスキル

スキルの目的

偏差値という評価軸ではなく、学校に評価すべき「ワクワク」を見つけることで、どこに行ってもワクワクのある学校の選択肢を作ることです。評価軸を広げることで偏差値という縦の学校リストではなく横並びのリストを作ることができます。選択肢が広がれば希望を持つことができ、また中学受験の結果についても楽観的に考えられるようになり、過度なプレッシャーに心折れることなく、中学受験を笑顔で乗り切ることができます。

ですがここで大切なのは、これは親が子どもの志望校を決めるための選択肢づくりではなく、あくまでも大人ほど知識と経験のない子どもの選択肢を広げるのが目的です。

大人にできることは選択肢の提案、選択肢を広げるヒントを集めることです。そのために通うことが可能な学校をセレクトし、その中からワクワク評価軸を探します。このワクワク評価軸も大人が楽しそうなことを押しつけるのではなく、子どもと話し合う時の材料的位置付けとして情報を与えるだけです。

スキルの説明

子どもと一緒に「ワクワク」する学校選びをする前にまず親が情報収集します。正しい情報の集め方に関してはDay11で学びましたね。そう、一次ソースから集めることです。

それらの情報を元に、できるだけたくさんの通える範囲の学校を選び、それらについて最低でもひとつ「ワクワク」できることを見つけていきます。Day12で我が子のことをより深く知ることができたからこそ、我が子に合ったいろんな「ワクワク」を見つけることができるはずです。

でも忘れてはいけないのは、これは親の「ワクワク」を子どもに押し付けるための作業ではないということ。選択肢を広げることで子どもに「この偏差値以上の学校じゃなくちゃダメ」「うちはみんなここだから」「御三家がいいに決まってる」などの発言をせずに済むようになるためです。これらの発言をしていいことはありません。子どもに必要のない負のプレッシャーを与えてしまうからです。

子どもと一緒に「ワクワク」を共有しながら学校を選ぶことができれば、きっと親子とも納得できる中学受験を経験できるはずです。

子ども自身の「ワクワク」に関してはＷｅｅｋ３で共有します。まずは子どもが自分の「ワクワク」を言える環境を与えることができるように、夫婦、パートナーの間にその土壌を作っていきましょう。

トライ!

親が選ぶワクワクする志望校選び

自分で、もしくはパートナーと一緒に
子どもが「ワクワクできる」という視点で学校を選びましょう。
従来の偏差値などで選ぶという気持ちは一度脇に置いておきます。

通える学校	ワクワク評価軸①	ワクワク評価軸②	ワクワク評価軸③	ワクワク評価軸④
私立A校	歩いて10分	英語教育が強い	スキー部がある	
私立B校	探究学習中心	総合型選抜に強い	個性を重要視	
私立C校	女子校	大学までいける	大学の推薦枠が多い	

どんな気づきがあったかな?

今日のひとこと

Options

オプション

学校選びには「チャレンジ校」「実力相応校」「安全校」などいろいろありますが、それは全て偏差値に基づいた選び方。それも一つの方法ですが、それは塾に任せておけばいいでしょう。

家庭では別の評価軸があっていい。塾での学校の評価軸が点数や偏差値なら、家庭における学校の評価軸は違っていいと思うのです。

そうすると子どもの個性や強みや興味に沿って、全く違った中学受験の目標が目の前に広がってくるのではないでしょうか？

Day 14

Do

「目的」「方針」「目標」「手段」の共有で協働力を高める

「子どもを壊さない中学受験」にするための設定法

質問　何のための中学受験なのか？

ポイント　ブレない自分軸の「目的」「方針」「目標」「手段」の設定

スキル　「子育てチームのための目的・方針・目標・手段」スキル

「忘れる」作業

ここまでの6日間で、話し合いのルールを通じて子育てチームの土壌を作り、子どもをありのままに見つめることで、我が子にとっての最適解自分軸での中学受験応援軸の準備を進めてきました。さあ、今日はいよいよ自分軸での中学受験応援軸を明確にしていきます。

質問

何のための中学受験なのか

混乱しがちな「目的」「方針」「目標」「手段」

目的：子育ての最終目標
方針：そのためにどんな向き合い方をするのか
目標：最終目標達成を助ける小さな目標
手段：目標達成のためにすること

この4つが混乱しがちです。例

合格の先の見えないステップ

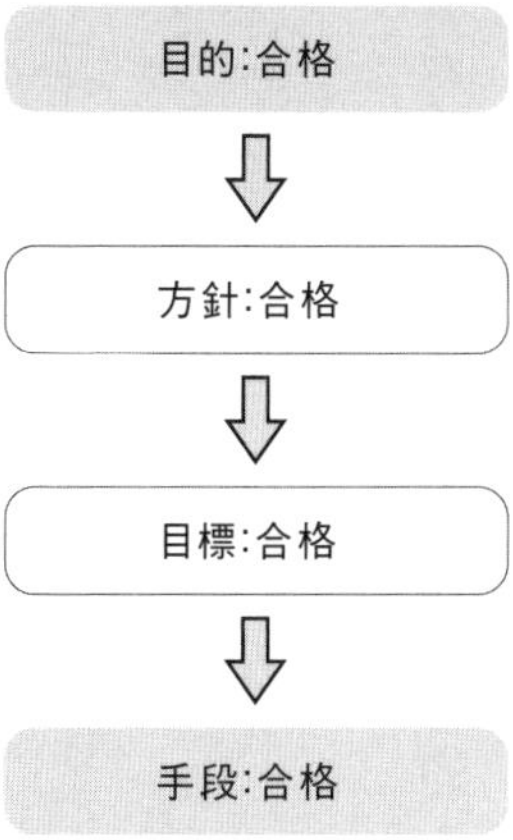

えば前の図（P225）のように。これではただ単に何がなんでも合格になってしまい、中学受験のその先が見えません。そこで完結してしまい、次に続かないのです。これではまるで合格のためには手段を選ばない的な無法地帯のような中学受験になってしまいます。

これはかなり危険な「目的」「方針」「目標」「手段」設定と言えるでしょう。

「子どもを壊さない中学受験」の目的・方針・目標・手段とは？

ここでこの6日間で非認知能力を学んできたお二人だからこそできる「子どもを壊さない中学受験」のための「目的」「方針」「目標」「手段」の設定をご紹介します。今回は本書の内容に沿ってワークシートの「方針」「目標」を私の方で設定しました。これに沿って二人で「目的」「手段」を設定してみて下さい。

スキル

「子育てチームのための目的・方針・目標・手段」スキル

スキルの目的

中学受験に対して非認知能力的向き合い方ができるからこその自分軸の中学受験応援軸「目的」「方針」「目標」「手段」を記入して、実践する。

スキルの説明

ワークシート（P228〜229）に沿って書き出しましょう。

目標:目的を達成するための数あるゴールの一つ

目標:子どもを壊さない中学受験

手段:目標達成のために実践するスキル

ここに夫婦・パートナーと相談をして目標達成のために実践するスキルを上げます。やりたいものをまずは考え、その次に今すぐ自分たちでできるものを隔週、最低一つ選んで実践します。考えなくてもできるようになったら別のスキルに移行しましょう。そうしてひとつずつスキルを身につけていきます。

手段:実践するスキルを書く

Week1

Week2

Week3

トライ!

子どもの中学受験を自分軸で応援するため、目的・方針・目標・手段を探す

目的:子育ての最終目標

どんな子に育って欲しいのか?という子育ての最終目的

- 中学受験は欲しいものを手に入れるための手段の一つに過ぎない
- やらなくてもいい中学受験をするからには明確な目的が必要

目的の例:Day5の「何があっても守るべきもの」を参考にして下さい。

- 社会の役立つ一員になって欲しい
- 好きなことを見つけて全力でワクワクする子を育てたい
- どんな時も自分らしい人生を切り開き幸せに生きていける子どもになって欲しい
- 夢を見て頑張る子に育って欲しい

子育ての究極の目的(なんのための中学受験なのか?)

方針:目的達成のためにはどのように子どもに向き合っていくか

方針:我が子にとっての最適解を見つけるために夫婦・パートナーとして建設的な話し合いをする。そしてその子にとっての最適を応援する。

今日のひとこと

Big Picture

大局観

子育てをしているとつい目先のことに心を奪われがちです。「人より早く」「人より良い点」という具合に。

ですが、ＡＩの発展などにも見られるように、今の社会は過渡期にあります。きっと子どもたちが社会に出た時には、私たちが対峙しているような社会の仕組みではなく、例えば仕事などもさまざまな技術に取って代わられていることでしょう。

そんな世界に子どもを送り出すのです。そしてそれはすぐそこにある未来なのです。そしてその先には今の私たちには想像もつかないますます変化の加速する世界が広がっています。

それを考えたら、「なんのための中学受験なのか？」「どんな向き合い方をしていくのか？」が従来と大きく変わる必要がある。そんな風に思うのは私だけでしょうか？

Week 2の振り返り

子どもへ向き合う前の準備体操

Week2では家庭の空気を作り出す夫婦、パートナー同士が共通の課題である、我が子にとって最高となる中学受験と、その後の人生に役立つ非認知能力を身につけるため、二人で最適解を見つけ、そして二人で協働し、最強のチームになるため「話し合い」ながら「何のために」を念頭に向き合いました。そして、2週間の集大成として自分軸で考える中学受験の「目的」「方針」「目標」「手段」の設定法を学びました。

子育てチームは子どもの安心安全のベースになります。中学受験の期間中、ママ・パパチームが目的・方針・目標・手段を共有することが子どもの学力と非認知能力の育成の鍵を握ります。

中学受験はチーム力の勝負と言われます。

ほかの子の家庭より情報量が少ないんじゃないか、また、パートナーとの話し合いが足りていないんじゃないかと不安になることもあるでしょう。でも大丈夫。最初の1週間で自分に向き合い、2週目で子育てチームとなるパートナーと向き合って非認知力を身につけ始めたあなたたちだからできます。そう、大きな「目的」を達成するために。さぁ、最終週となるWeek3はいよいよ家族として子どもと向き合い、最強のチームを作り上げていきます。中学受験準備期間中は時に親も子どもも心が折れそうになる瞬間が訪れることがあります。でもこの2週間をやり遂げたのだから心配しなくて大丈夫。どんなことがあっても受け止め合える家族がWeek3のスキルを終えた時には出来上がっているはずです。

Week 2での3週間チャレンジ後の自分

＊ここはWeek2が終わった後さらにWeek3をやった後に読んでね。

どんな変化があったかな？

子育てチームになるためのＷｅｅｋ２が終わって、その後１週間が経過してどんな話し合いができるようになったかな。

Ｗｅｅｋ　２が終わってからもたくさん話し合いの機会があったことでしょう。使ってみたスキルもあれば、使えなかったスキルもあるでしょう。でもそれでいいのです。思考と行動の習慣を変えるためには最低21日かかると言われます。Ｗｅｅｋ２の学びが終わった後の１週間で、「あ、こんな時はどうするんだっけ」という意識があっただけでも大きな違いがあります。

ここでまた「子育てチーム度現状認知クイズ」（Ｐ２３４）をやってみましょう。どんな変化がありましたか？　○を一つ減らすことが３週間チャレンジのゴール。一つ減らせたかな？　もしかしてゼロだったかも？　大丈夫。時間をかけてゆっくり減らしていこうね。「時間がかかるな」という見方もあるかもしれないけど、時間をかけるからこそ強固になる。

ひとつ以上減らせた？

Good job! Keep on going!

トライ!

3週間後の子育てチーム度現状認知

P173の「子育てチーム度現状認知テスト」をもう一度見直して、見ましょう。3週間経ったいま、どんな変化がありましたか?

□子育ての方針が違うと感じる
□子育ての方針についての話し合いがあまりない
□意見が違う時は「話し合い」というよりは「言い合い」になりがち
□喧嘩になるのが嫌だから自分の意見は言わない
□否定や批判が怖くて自分の意見が言えない
□特に子育てに関しては喧嘩になりがち
□子育てに関しては相手の命令や指示に従っている感じがする
□自分の意見は聞き入れてもらえない、どうせ言っても無駄と感じる
□相手が上から目線
□話し合いをしたいがやり方がわからない
□話し合いをする時間がない
□一緒に過ごす時間が少ない
□子育てや家事以外で夫婦やパートナーと一緒に何かをするということがあまりない
□業務連絡以外で話すことがあまりない
□子どもが悪い点を取ってきた時など自分のせいにされる
□何かにつけて批判される
□相手を批判しがち
□あまり相手から感謝されない
□あまり相手に感謝しない
□子育てはママの仕事だと思う
□パパに子育てを任せるのは不安
□毎日忙しすぎて相手のことを考える余裕がない
□家庭の雰囲気がギスギスしていると感じる
□家庭の中は笑い・笑顔よりも気まずい沈黙が多い

3週間前よりいくつ減ったかな?

3週間チャレンジを振り返って第2週目の現状認知を再度やってみて思うことを記入しましょう。

第 3 章

Week 3
非認知能力を育む③

家族という
チーム力で勝つ

～家族というチーム力が
中学受験を真の成功と幸せに導く！
本番の7日間～

Week 3の進め方

ゴール

- 家族のチーム力を高めるためにスキルを子育てチームが一緒に実践し、最後のDay21は子どもと一緒に実践。
- 本書の3週間チャレンジ終了後に「子どもへの声かけ現状認知チェック」(P250)で◯を一つ減らす

スキル:3つのNGと4つのDO

NG 子どもへの声かけ・行動を見直す(3つのNG)

Do 子どもへの声かけ・行動を実践する(4つのDO)

NG Day 15 「比較」「一喜一憂」「ネガティブ」をやめる
→ Do Day 16 子どもの自己肯定感と自己効力感を高める超えかけ

NG Day 17 「しなさい!」をやめる
→ Do Day 18 子どもの好奇心・主体性・自己決定感を高める声かけ

NG Day 19 救済するのをやめる
→ Do Day 20 折れない心の鍵は子どもの回復力を高める声かけ

Do Day 21 最強最愛の家族の鍵「ありがとう」でチーム力を高める

Finish!

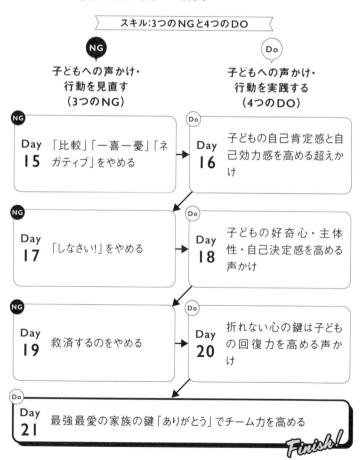

集大成の7日間は愛あふれる時間

最終週となるWeek3はWeek1とWeek2の応用かつ集大成です。まずは自分に向き合い、次に子育てチームとしてお互いに向き合い、自分の中に、そして子育てチームの中に安心安全な環境作りをしてきました。それは全て子どもに対して非認知能力を育む向き合い方ができるようになるためでした。

最後の1週間はいよいよ子どもに向き合います。そして、家族としてのチーム力を高めていきます。全ては子どもが「ここにいていい、自分は自分であっていい」と思える環境を作り出し、中学受験というおそらくはその子にとってこれまでの人生で最大のイベントに思いっきりチャレンジできるように。

Week1個人、Week2子育てチーム、その二つの応用がWeek 3家族というチーム

世間一般ではこれから取り上げるWeek3のスキルを最初にやるでしょう。つまり初めから子どもに「正しい声かけ」をしようとするのです。やる気を出す声

かけ、自分からやる子になる声かけ、自己肯定感を高める声かけなど。

しかし、「声かけ」はあくまでもツールです。ツールは「誰が使うのか」が重要です。自己肯定感の低い親が使うのか、高い親が使うのか？　自分の正解を押し付ける親が使うのか？　子どもの気持ちに耳を傾けることができる柔軟性と共感力のある親が使うのか？　誰が使うのか、の「誰が」の部分が鍛えられていなければ、どんなに「正しい」ツールを使ったとしても効果はありません。なぜなら「正しく」使えていないのですから。形だけ実践しようとしてもダメなのです。

そのために本書では、Ｗｅｅｋ１でまずは親の自己肯定感と自制心などの非認知能力を高め、第２週目で他者に向き合うための柔軟性や共感力、協働力、社会性などの非認知能力を訓練しました。そしてこれからの７日間は、それらを子どもに向き合うために落とし込んでいきます。

あとちょっとです。この７日間、一緒にエンジョイしましょうね。

Week3のポイントは子どもへの声かけ・行動

心理的安全性が担保された安心安全な環境でこそ、子どもの学力は最大に伸びるといわれています。確かにこの環境がなければ子どもは常に不安定な状況に置かれ、親や他人の顔色をうかがったり、部屋に逃げたり、安心して勉強にフォーカスすることができなくなります。また失敗を恐れて難しい問題に挑戦しなくなったりもするでしょう。これでは学力は伸びません。

これに関して中学受験塾「早稲田アカデミー」の竹中孝二先生はこんなお話をしてくださいました。

「私は、心理的安全性を保護者の方に担保していただきたいなと思います。失敗した瞬間に怒られるとか、やる宿題を常にチェックされて、やってないと怒られることが続くと、親としては応援やサポートをしているつもりでも、実はそれが子どもたちのことを苦しめている場合もあるんです。

例えば80点のテストが返ってきても、『バツが4つあるじゃないの』と見るのではなくて、80点だったというところに関してまず、子どもの変化に目を向けて欲しいですね。例えば、自己ベスト更新をしたのであれば、ちゃんとそこを認めてあげながら次の話をしてあげたりすると、子どもの心理的安全性が担保されている状態になるかと思います。自分でちゃんと考えて、自分で行動したことを認められる環境というのは、必要なのかなと思います。

ただ一方で、それだけだと、当然計画通りいかないこともあるので、タイムマネジメントだとか、宿題や家庭での学習の量のマネジメントは保護者の方にも入っていただくことが必要だと思います。そのバランスを取りながら、子どもと関わるのが中学受験では必要なのではないでしょうか。

中学受験をする子どもたちは、受験をしない友だちが学校で遊んでいる中、塾に通って週に何日も勉強して、やっぱり我慢をする生活になっていると思います。その中でご家庭が心を休める空間であり続けるというのは重要なことです」

Week1で自分の非認知能力に向き合い、Week2で子育てチームの安心安全な環境作りをしました。Week3は家庭が心理的安全性の担保された、安心安全な環境であるということが、子どもに対して伝わるように見える化していくことを学んでいきましょう。ではどうするか？

安心安全な環境を見える化するための声かけ、行動というコミュニケーションツールと非認知能力の高い、民主型の親としての向き合い方です。

ポイント

・コミュニケーションの基本（言語・非言語）
・子どもへの声かけは民主型の親がベース
・子どもへの声かけ現状認知

ポイント1　コミュニケーションの基本（言語と非言語）

コミュニケーションの基本

コミュニケーションは意思伝達のツールで言語と非言語の2つがあります。言語とはいわゆる言葉を使っての意思伝達、非言語とは行動を使っての意思伝達です。行動とは表情や身振り手振りなどのボディーランゲージ、声のトーン、話すスピードなどが含まれます。

非言語の声かけは言葉での声かけよりも伝わるという研究結果があります。心理学者アルバート・メラビアンは、情報の伝わり方として表情や仕草などの視覚が55％、聴覚が38％、言語が7％で、非言語からの情報が圧倒的に優先して伝わる、としています。

何を言わないか、そして「言動の一致」

子どもとの対話で大切なのは「何を言うか」よりも「何を言わないか」、そして「言動の一致」です。

言語と非言語の伝わる割合とその内容

聞く力80%（フォーカス・共感）

1. 相手が感情を表している時そのまま受け入れる
2. 話を聞いていることを伝えるためにうなずく
3. 相手の目を見て聞く
4. 聞きたい部分だけではなく全てに集中して聞く
5. 手を止める、ながら聞きをやめる
6. 待つ、話を急がせない

話す力20%（短くシンプルな言葉で伝える）

1. 相槌や相手の言葉を繰り返すなど共感を示す
2. 長所を褒めたり、感謝の言葉をたくさん使う
3. 短所は指摘しない
4. 叱るのでなく説明する
5. 興味があることが伝わるように質問する
6. ページング*

＊ページングとは声の大きさやトーン（高低）、話すスピード（ゆっくりや速い）や呼吸などを合わせていくスキルです。同じペースは共通項を生み信頼関係を築きやすくなります。

これまでの子育ては親が「教えてやらせる」ことが主でしたから、どうしても子どもの声に耳を傾けるというよりは「子どもに対して何を言うか」の方が重要視されてきました。ですが、これからは真逆でいきましょう。「教えてやらせる」の代わりに「見守る」の徹底です。

「見守る」ためには子どもの声に耳を傾けることが主となり、、親の仕事は聞くことになります。子どもが自分の意見を持つことに慣れ、意見を伝えることに慣れ、自分で決めて行動することを促すためです。

自ら決断をして行動することを通して、子どもは確実に自己肯定感、自己効力感、主体性と自制心を育みます。

そしてもう一つ大事な「言動の一致」ですが、どんなに良いことを言ったとしても言語と非言語が一致していなくては伝わりません。例えば「うれしい！」と言いながらも声のトーンは暗く、ボソッとしていて、肩は下がっていて、元気がない。これではうれしそうではありません。

より伝わるのは非言語のコミュニケーションですから受け手は「本当はうれし

くないんだ」と感じます。より明確かつ、的確に伝わるように、言っていることとやっていることを一致させましょう。

ポイント2 子どもへの声かけは「民主型の親」がベース

何でもほめればいいというものではない

「民主型の親」とは「厳しさ」と「寛容」のバランスが取れた親のこと。民主型の親が最も幸せで満足度の高い子どもを育てるという、カリフォルニア大学バークレー校の子育て研究の第一人者・ダイアナ・バウムリンド博士（発達心理学者）による「Baumrind's Parental Typology」という研究があります。

この研究で親は4つのタイプに分けられ、そのうちの民主型の親が子どもの人生を成功に導くとして、「どんな子育てがいいか？」という論争を止めてしまったといわれるほど有名なものです。

厳しさと寛容のバランスとは？

厳しさとは自分の感情や行動をコントロールしたり、社会に役立つ一員として責任ある意思決定や行動をすること。寛容とは自分をありのままに受け入れたり、ダメな時に責める代わりに共感して許したりすることです。

自己肯定感や自制心を高めてきたからこそ、あなたにはこの向き合い方ができます。

民主型のしつけは「説明」が基本

しつけが必要になるのは、たった二つの場合です。一つは健康と命を守るため、もう一つは社会ルールを守るため。これに当てはまらない時に「しつけ」をしようとする場合は、「これは本当に必要なしつけか？」「親にとって都合が良いためではないか？」「単に感情的になっていないか？」と自問してください。

民主型は説明することで子どもをしつけるので根気がいりますし、ご褒美や叱責に比べて時間がかかります。しかし、親の説明を聞いた上で子どもが自分で決めて、自分で自分を律していくスキルを育むことが「自分で考えて自分でやる子」を育てるためには最も効果的な方法です。

「叱る」と学力の関係

しつけといえば「叱る」のも一つの方法でしょう。ですが叱られると発生するのは恐怖や不安などのネガティブな感情です。そうすると恐怖や不安に反応する脳の「扁桃体」が活性化し、知的な活動に重要と考えられている「前頭前野」の活動を大きく低下させることが確認されています。つまり恐怖や不安は心理的安全性を阻害して学びにくくしてしまうのです。

どうしても「叱る」時は、行為と人格を分けるのが、寛容と厳しさのバランスの取れた民主型の親の取る方法です。悪いのは「その子」ではなく「やった行為」です。行為と人格をしっかりと分けてあげないと、子どもは「悪い行為＝やった自分は悪い子」と考えてしまいどんどん自己否定していきます。なぜそれがいけない行為なのかを論理的に説明しつつも（厳しさ）、「どうしてやったのか」という子どもの論理に耳を傾けましょう（寛容）。

トライ！

民主型の親の子どもへの向き合い方の基本姿勢

厳しさの例

- 「その子にできる最高」を期待
- 「その子にできる最高」を目指す主体的行動を期待
- ルールの必要性を説明。一緒に実践し、守ることを期待
- ルールを守れない時はきちんと律する
- 親もやってはいけないことをしたら、自分を律して子どもに謝る
- 親と子どもの人格を同一視しない

寛容の例

- 子どもの好きを認め、応援する
- 子どもの良いところを認める
- 子どもが自分の気持ちを表現することを応援する
- ルールを破った時は、叱るのではなく説明することでしつける
- 例外を認める
- 子どもの気持ちに寄り添う、応援する
- 親の意見と違ってもきちんと耳を傾ける
- 比較したり「こうあるべき」という親の思い込みや希望の押し付けではなく「その子」を「その子」として受け入れる

どうして非認知能力の高い民主型の親が子どもを幸せと成功に導くのかが一目瞭然ですよね。ちなみに他の子育てスタイルには命令、指示＋厳しさベースの子育て「独裁型」、過保護・過干渉な子育て「寛容型」、子育て放棄「放置型」があります。

ポイント3　子どもへの声かけ現状認知

こんな声かけ、行動をしていませんか？

さあ、いよいよここで子どものやる気を出したり、自分からやる子になったり、どんな時も自分を大切にする子どもを育てるための「声かけ」というツールを身につけていきます。

「声かけ」というツールを使う「誰が」の部分をあなたはこの2週間鍛えてきました。そんなあなただから子どもの非認知能力を育む声かけができるようになります。でもその前に、今どんな声かけをしているか？　まずはあなたの「子どもへの声かけ現状認知」をしていきましょう。

NGな声かけ、行動の結果、起こりやすいこと

次ページの「子どもへの声かけ現状認知チェック」で並べられたような声かけは、チャンスが一回きりで、結果が公で、塾の費用という投資もあるために思わず口をついて出やすいものです。親が本気になっているからこそ、成績が上がら

トライ！

子どもへの声かけ現状認知チェック

声かけ

思い込みを押し付ける・植え付ける

- あなたのためを思って言ってるのよ
- 親が言う通りにすればいいの
- この学校にしなさい
- 最低でもこの偏差値の中学には受かってよね
- こんないい経験させてもらえるんだからちゃんとやってよ
- ママの時は、パパの時は、できなかったからこそやらせたい
- ママはこんなに頑張っているのにどうしてあなたは頑張れないの

過小評価・存在の否定

- なんでできないの
- どうして何回も間違うの
- なんでもっと頑張れないの
- どうせ無理なんだから
- いいよできなくても、女の子なんだから
- あなたは〇〇が苦手だから
- いつも肝心な時に力を出せない、体調を崩す、本番に弱いね
- 落ちたら終わり

比較

- クラスが一つ下になったなんて恥ずかしい、ダメじゃない
- お兄ちゃんはできたのに、どうしてあなたはできないの
- 〇〇ちゃんは〇〇中学に受かったんだってね
- 〇〇に落ちたなんて恥ずかしい、〇〇に行くなんて恥ずかしい

非言語（行動）

縦の親子関係

- 親である自分のやり方は絶対だと思っている
- 子どもの声に耳を貸さない
- 子どもが何か言うと「口答え」「反抗」と感じる
- 親の言うことを聞くのが「良い子」だと思う
- 口では良いことを言っても心では諦めたりネガティブなことを考えている

親子の人格の同一化

- 子どもの評価は自分への評価だと感じる
- 私の子どもだからだめでしょうがない
- 私の子どもだからできるはず

当てはまった数　　　　個

なかったり、子どものやる気が出なかったりする時などは追い詰められた感がありますよね。それにママ友との水面下での比較合戦もあるでしょうから。でも、こんな声かけで子どもが感じるのはどんなことでしょうか？

・個性の無視
・存在の無視
・能力への過小評価
・存在価値への過小評価

その結果どんなことが起こるでしょうか？

・子どもの自己肯定感・自己効力感・主体性・自制心の低下

そしてその結果、どんな行動に出るかというと……。

・指示待ち
・親の顔色をうかがう
・「どうせ僕なんて」「どうせ私なんて」という発言

・「無理だし」という発言
・言われないとやらない、言われてもやらない

「子どもへの声かけ現状認知チェック」（P250）をやってみて、子どもへの声かけが否定・批判・命令・指示ベースで、「私ってダメだな」と思ったらDay1の「いいんだよ、そんなところがあって」スキルかDay2の「リフレーミング」のスキルを使って自己否定の代わりに自己肯定してあげましょう。子どもは環境に順応して育っていきます。今、この時から環境を変えれば子どもはその環境に順応していきます。だから安心してね。

3週間チャレンジが終わった時に再度この現状認知チェックをやって、一つでも◯が減っていたら大成功です！　ここまで頑張ってきたあなただからきっとできる。

最終日（Day21）はこれまでの集大成です。この第3週の7日間の中で一番大切なスキルです。そしてこれが家族というチーム力を高める最大の鍵となります。

さあ、最後の7日間が、ここから始まります。

OK! Let's do it!

Week 3のゴール

・家族のチーム力を高めるためにスキルをパートナーと2人で、ワークによっては子どもと一緒に実践

・本書の3週間チャレンジ終了後に、Day21の「チーム◯◯ありがとうスキル」を3週間実践し、その後「子どもへの声かけ現状認知チェック」（P250）で◯を一つ減らす

Day 15

NG

「比較」「一喜一憂」「ネガティブ」をやめる

自分を律するためのマジックワード

質問　「言ったら後悔すること、思わず言っちゃう時ってない？」

ポイント　大切なのは「何を言わないか」を徹底する自制心

スキル　親の自制心を育む「ＮＧな声かけ徹底のための魔法の言葉」スキル

言ったら後悔することを言ってしまう

受験期で親がイライラするのは「子どもがやるべきことをやらない」「なかなか成績が上がらない」「周りはもっと上手にやっている」「あれもこれもやらないと！」と焦り、不安、心配、不満が溜まった時かと思います。仕事に加えて普段の家事、育児も加わり、自分のキャパシティーを超えてつい感情的になってしまったりすることってありますよね。

それに子どもは時に容赦ありません。子どもには「親だから言っても大丈夫」という甘えもあれば、思春期で批判的になっていることもあるだろうし、自分の中のモヤモヤを吐き出したい時もあるでしょう。そうして子どものキツイ言葉に対し売り言葉に買い言葉で、ついつい親側も「言ってはいけない」「言ったら後悔する」ことを言ってしまうのです。

質問

「言ったら後悔すること、思わず言っちゃう時ってない？」

親を律してくれる人はいない

子どもは悪いことをしたら親に叱られますが、親は悪いことをしても叱ってくれる人がいません。だからこそ、言ってはいけないことを言わないように自分で自分を厳しく律する必要があります。

Week1のDay6で先を見越す力、自制心について学びました。論理的思考で先を見越して「ではどうするか」と自制心を育む練習でした。ここではそれを応用していきます。

自制心とは先を見越して「自分の欲望や感情をコントロールする力」のことで、自分の心の中に湧き上がってきた感情や気持ちに流されずにその状況に対して最適最良の責任ある意思決定、行動する能力のことです。「今これをすると（しないと）その先にこんないいことがある」と先を見越して自分の行動と感情をコントロールする力です。

これが	こうなら	こうだよね	だからこうしよう
子どもに対して イライラ	適度の叱責	自己嫌悪　子どもの 自己肯定感低下	後悔することは 言わない！

大切なのは「何を言わないか」を徹底する自制心の強化

声かけというと真っ先に「何を言えばいいのか」と考えますが、実は大切なのは「何を言わないか」なのです。

イライラをぶつけたり、言ってはいけないことを口にしてしまった後にどうなるかは、みなさんも経験していることでしょう。でももし、イラッとした時にロジカル・シンキングが働けば、「後悔することは言わない」という行動がとれるのです。

この「言わない！」を徹底するにはどうしたら良いのでしょう。Week1の**Day6**ではロジカル・シンキングで先を見越し、どんな責任ある意思決定・行動をするかを決めることを学びました。そうすることで、自分で自分を律するスキルを身につけました。**Day15**ではさらにそれを徹底します。ここではロジカル・シンキングで責任ある意思決定と行動を決めた後に、それを最も効果的に実行するために瞬時に自制心を発揮するスキルを紹介します。つまり、言ったら後悔することを言わなくするためのスキルです。

スキル

親の自制心を育む「NGな声かけ徹底のための魔法の言葉」スキル

スキルの目的

「子どもへの声かけ現状認知チェック」（P250）でチェックした「言ったら後悔する」声かけをやめる。それが効果的にできるように自分を律するマジックワードを作り実践する。

スキルの説明

どんなに良いことをたくさん言っていたとしても、脳のネガティブ・バイアスの働きで悪いことの方が記憶に残りやすいのです。だからこそ「言わぬが勝ち」です。そして非言語の対応も言動と一致させることが大切です。

トライ！

ワーク（P263）

「子どもへの声かけ現状認知チェック」（P250）で自分が言いがちなNGワードを確認しました。その言葉が口をついて出そうになったら、代わりに「自分を止める魔法の言葉」を使いましょう。

私は娘が小さい時になんでもかんでも「危ない！」と言うのが口グセになっていました。2歳でスケートを始めた娘の後を、自分自身の運動神経はさほど良くないのに、必死にヨタヨタと追いかけながら「危ない！　危ない！」を連呼していました。娘はスイスイ滑っていたというのに。スケートだけじゃなく滑り台やブランコなど、とにかくなんでもかんでも娘が一人でチャレンジをしていることに対して「危ない！」と言っていたのです。そのせいで娘はすっかりいろんなことに対して怖気づくようになりました。

「これはまずい！」と感じた私はロジカルにその状況を考えてみました。まず、大前提として自分の身体能力と娘の身体能力が一緒とは限りません。また娘はヘルメットもかぶっているし、まだ幼いからそれほどスピードも出せない。しかも運動神経抜群の夫が一緒に滑っているのだから、転んでも大したことはないという考えに辿り着いたのです。そう、口ぐせのように「危ない！」と連呼をしていたけれど、実際はそう何度も言わなくても娘がケガをすることはない大丈夫な状況だったんですね。

ロジカル・シンキングで状況を把握して、「危ない！」を口を酸っぱくして言わなくていいという自分の取るべき行動を決めた私は、次にその行動を取りやすいようにマジックワードを決めました。

そのマジックワードは「WoW（ワオ）」。

「危ない！」と口から出そうになるたびに、「Ｗｏｗ（ワオ）」と言いかえることを繰り返しました。そうして、一日何度も「ＷｏＷ（ワオ）」を言っているうちに、すっかり「危ない！」は影を潜め、その結果、娘はその後スケートではジャンプ、スキーではブラックダイヤモンド（斜度の厳しい上級者のコース）も平気で滑るようになりました。

一方、あれほど娘に「危ない！」と言い続けた私は初心者向けの平面がいまだに専門です。それもヨタヨタ。でも娘の意欲や可能性に気がつかず、ロジカルに状況を認識しないままでマジックワードではなく「危ない！」を言い続けていたら、娘ももしかしたらヨタヨタのままだったかもしれませんね。

子どもたちの可能性に蓋をしないために、あなたが自分で自分を律するためのマジックワードはなんですか？　書き出して見えるところに貼っておきましょう。

ＷｏＷが言いにくければ例えば「すごい！」「わぁ！」など自分の口にしやすい言葉で大丈夫です。これからイライラしたり、売り言葉に買い言葉を言いそうになったらすぐにその言葉を見て口にしましょう。
子どもの心の安心安全の担保はそこから始まります。

トライ!

自分を律するためのマジックワードはなんですか?

思わず感情をもとに言葉が口から出てしまいそうになった時に、そんな言葉をストップさせるマジックワードを決めておきましょう。口グセのようにマジックワードを言うことで、一呼吸おいて自分を落ち着かせることもできます。

あなたのマジックワードはなんですか?

どんな気づきがあったかな?

今日のひとこと

WoW & Sorry

ワオ&ごめんね

私の大好きな言葉です。ＷｏＷと言った途端に気持ちが明るくなるからです。娘が小さい時に腹がたったり理不尽に叱りつけたくなった時はすぐさまＷｏＷと言っていました。どんなに意味が通らなくても、状況的にへんてこりんでも、です。

でも言っちゃいけないことを言っちゃった時は、落ち込む代わりにすぐさま謝る。たとえ相手が子どもでも、言ってはいけないことを言ったら謝る。人として当たり前のことです。それに子どもは親が悪いことをしたらちゃんとわかります。そこで謝らなければ親子の信頼関係は崩れます。

そしてちゃんと謝ることができた自分を受け止めてあげましょう。そんな寛容さが必要です。自分に対しても厳しさと寛容のバランスを取る。大事なことです。

Day 16

Do

子どもの自己肯定感と自己効力感を高める声かけ

小さな成功に目を向けて成功体験を増やす

質問　「きっと大丈夫」と思えるコミュニケーションをしている？

ポイント　4つのポイントを知って自己肯定感と自己効力感を高める声かけのプロになる

スキル　「何があっても大丈夫な自分」声かけスキル

初見の問題に必須の自己効力感

受験問題がどんどん変わってきている今、受験当日に限らず子どもは模試や通常の授業中に正解のない問題や初見の問題に出会うことが多々あるでしょう。そこで諦めるか？　それとも「きっと大丈夫」と思ってチャレンジするか？

挑戦できる子どもになるための鍵は「きっとできると思う」気持ち、自己効力感です。ここでは子どもの自己肯定感＋自己効力感を高めるコミュニケーションの４つのポイントについて学びます。

質問 「きっと大丈夫」と思えるコミュニケーションをしている？

ポイント① 言語・非言語の一致

言葉で「よかったね」と言っても顔を背けていたり、携帯を見ながら言ったり、肩を落として元気なく言ったりしたのでは行動が言葉を裏切っています。これでは伝わりません。何を言うか、は言葉だけではありません。非言語のコミュニケーションと一致させることで伝わります。

ポイント② 長所や得意を認める

意識しなくても自然とできるため、長所や得意なことは自分では気がつかないことが多いのです。だからこそ子どもの長所や得意を意識的に伝えてあげましょう。そうすることで子どもの自己肯定感が上がっていきます。

ポイント③　小さなできたを一日一回肯定する

ハーバード大学とヒューストン大学で教鞭をとった心理学者のバラス・フレデリック・スキナー教授の研究では「小さなことをこなすということは、その度に成功するということで、小さなことが一つできるたびに『成功』という報酬を得られることなのだ」と言っています。「できた！」の経験が重なって、どんどん自己効力感は鍛えられていきます。

でも私たちは成功や「できた」は大きな結果を残したものと思いがちです。だからこそ大切な小さな成功や「できた」を見逃してしまうのです。ぜひ見つけてあげましょう。一日一回、愛する我が子の小さな成功を。そしてそれを言語と非言語で伝えることで見える化してあげましょう。そうやって子どもは自ら小さな成功に気づき、肯定して、成功と肯定感を積み上げていくプロになっていきます。

ポイント④　短所はあえて指摘しない

短所は自分でもよくわかっているからこそ、指摘されると心が閉じてしまいます。わざわざ言う必要はありません。

スキル

「何があっても大丈夫な自分」声かけスキル

スキルの目的

自制心を発揮して言ってはいけないことを言わないスキルを身につけたあとは、「何を言うか」で子どもの自己肯定感と自己効力感を高めていきます。この4つのポイントを守ることができるのはWeek1で自らの自己肯定感や自制心などの非認知能力を育み、Week2で子育てチームを作るために他者に対する非認知能力を身につけたからです。

スキルの説明

Week2のDay12「最愛の我が子」スキルを振り返ると長所や得意を認めやすく、小さな「できた」に気がつきやすいでしょう。またWeek1のDay2「リフレーミング」スキルがこれまで見逃していた成功を見つけやすくなります。

ワーク（P270〜271）

毎日「長所・得意を認める」「小さなできたを一日一回肯定する」ができたかをWeek3が終わるまで毎日記録しましょう。子どもの反応が期待通りでなくても大丈夫。認めてもらえたことは伝わっています。

パパ	どんな長所・得意を認めたか?どんなふうに言語と非言語で伝えたか?	子どもの反応は?	どんな小さなできたを発見した?どんなふうに言語と非言語で伝えたか?	子どもの反応は?
Day16				
Day17				
Day18				
Day19				
Day20				
Day21				

どんな気づきがあったかな?

トライ!

ママとパパが子どもの「長所・得意」、そして「小さなできた!」を伝えてあげましょう

子どもの長所や得意だと思われること、できたことを、あえて口に出して伝えてあげましょう。自分ではなかなかわかりにくいことだからこそ、親から言われた時に「自分はできる・頑張れる」という肯定感と成功を積み上げることができるようになります。

ママ	どんな長所・得意を認めたか? どんなふうに言語と非言語で伝えたか?	子どもの反応は?	どんな小さなできたを発見した? どんなふうに言語と非言語で伝えたか?	子どもの反応は?
Day16				
Day17				
Day18				
Day19				
Day20				
Day21				

今日のひとこと

Yes, I can

私はできる

Yes, I can!　これは私が自己効力感を高めるためにずっと使っているマジックワードです。新しいことに挑戦したり、ちょっとハードルが高いかな、と思った時は今でも「Yes, I can!」で行動しています。うまくいかなければ、どうやったらうまくいくかを考えればいい。そしたらきっとできる。そうやって毎日小さな成功体験を積み上げていく。

毎日一回、小さな「できた」がある自分は、1年間で365回成功した自分になっています。成功は一回の大きさではなく数が大事。たくさんの成功体験があって「Yes, I can!　きっと大丈夫な自分」がどんどんでき上がっていくのです。

そうするとどんどん難しいことにチャレンジしていくようになります。だって「きっと大丈夫」って思えるのですから。

小さな成功を積み重ねるYes, I can!　で生きていきましょう。

Day 17

NG

「しなさい！」をやめる

子どもを信じ、寄り添い、親も一緒に自制心を高める

質問　「しなさい！」を言わなくてもやる子になるって本当？

ポイント　良い習慣が人生の幸せと成功の鍵

スキル　「しなさいを言わないルーティン環境作り」スキル

「やるべき時にやる子」の鍵は習慣化＋親子の自制心

「やるべき時にやる子」になって欲しい。親なら誰でも願うことでしょう。こうなるための鍵は「習慣化する」ことで、やる気に頼らないことです。そして「しなさい」を言わない親の自制心を鍛えること。そうすることで自然と子どもの「やるべき時にやる」自制心を育んでいくことです。

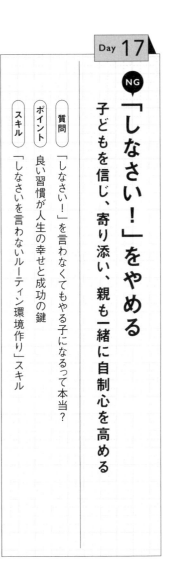

「しなさい」で発動する心理的リアクタンス

心理的リアクタンスとは、言われたことと逆のことをしたくなることです。「勉強しなさい！」と言われれば言われるほどやりたくなくなるのは、この心理的リアクタンスが関係しています。

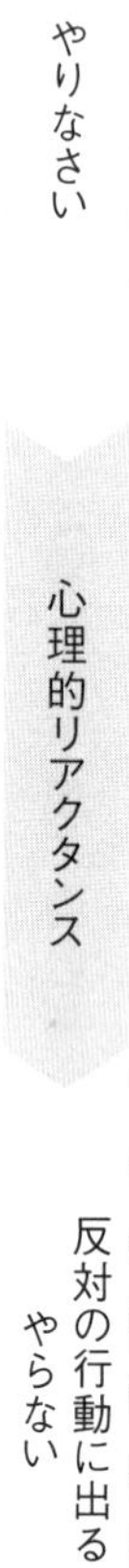

「しなさい」と言われれば「したくなくなる」し、やったとしても所詮は指示通りに動いただけですからそこに興味、つまり好奇心は湧きません。指示待ちや言われたようにやっただけでは主体性も育まれません。ではどうするか？

ルーティン化（習慣化）のメリット

例えば朝の歯磨き。これまでに何十万回と繰り返してきました。小さい頃に「歯磨きしないと虫歯になるよ、虫歯になると痛いよ、だから磨こうね」と論理的に何度も説明されてきて、実践してきたからこその習慣化です。こうやってやる気に頼らない「朝起きたら歯磨き」という良いルーティンが出来上がっていきます。

歯磨きしない → 食べ物が残っている → 虫歯になって痛い → だから歯磨きしよう

これをやったら次はこれ。こんな風に論理的に説明されて、納得して、実践を継続してルーティン化すると体が自然と動くようになって、その都度の説明、説得、またやる気に頼らなくても良くなります。
つまり「しなさい」と言わなくて済むようになるのです。

質問 「しなさい！」を言わなくてもやる子になるって本当？

ルーティンが子どもの自制心の育成を助ける

自制心を育むために効果的なロジカル・シンキングの「こうだよね（結果）」ですが、虫歯のように「痛い目に遭う」もありますが、もっと効果的なのは「その先にワクワクがある」です。やるべきことをさっさとやったら就寝時間まで好きなことができるとしたらどうでしょう。ロジカルに考えるとこうなります。

やるべきことを
さっさとやる

予定より早く終わる

寝る前の自分時間が
増える

さっさとやろう

親が「やるべき時にやるべきことをやる」「就寝時間までは好きなことをしていいよ」と自制心を発揮して守ることで、子どもは「やるべき時にやるべきことをさっさとやる」ようになっていきます。そうして自然と子どもの自制心（先を見越す力）が高まっていきます。すると親は「しなさい」と言わなくて良くなるのです。

スキル

「しなさいを言わないルーティン環境作り」スキル

スキルの目的

「しなさい」を言わなくて済むように毎日の作業をルーティン化しやすい環境に整える。そうすることで親子の自制心を高めるのがこのスキルの目的です。

スキルの説明

子どもが言われなくてもやるような環境を作ります。その環境とは二つあります。一つは「やるべきことをやるべき時にやる」ことのハードルを下げること、もう一つは親も一緒にやることです。

トライ!

ワーク（P281）

塾から帰ってから寝るまでの作業工程を時系列で見える化します。隣にチェックボックスを作り、終わったらチェックします。ルーティン作りには子どもも参加することが大切ですが、大変な受験勉強の最中です。生活全般を支える親が提案する形で大丈夫。

「提案」とは「しなさい」ではなく「こんな風にしてみたけどどうかな？」「こうやってみたらどうかな？」と意見を聞くことです。大人と子どもの圧倒的な違いは経験値。だから大人から提案するのはありです。大切なのは必ず選択肢を2、3個用意することで子どもが思考する時間、そして決定権を与えることです。

ルール

ここで最も大事なのは最初と最後の二つの作業です。最初は帰宅後のリラックス、そして最後は自分時間15分と就寝時間です。中学受験は時に過酷なことを子どもに強います。

だからこそ、楽しみがなければ続きません。体力が衰えれば気力が萎えます。寝なければ学習効果は最大化しません。そして睡眠不足で真っ先に吹き飛ぶ非認知能力は「自制心」。寝不足はいいことがないのです。

・その日にやる勉強が終わっても終わらなくても就寝時間は守る
・やるべきことが終わらなくても最後の自分時間は削らない
・自分時間に何をやっているかを監視しない、干渉しない

「やるべきことが終わらないのはダメじゃない？」

それはそうでしょう。でもその場合は、そもそもの「やるべきこと」が多すぎるのかもしれません。これに関しては学習面のプロである塾に相談するのもありでしょう。

「でもそれでは志望校に受からない！」

そうかもしれません。その時はDay13に戻って受験校の選択肢を増やしてみるのはいかがでしょう。受験校に子どもを合わせるのではありません。子どもに受験校を合わせていく。それが子どもの可能性を最大に伸ばす鍵です。

トライ!

帰宅してから寝るまでの作業工程を「見える化」してみよう

	作業	チェック	メモ
PM8:00	帰宅以後のリラックス		こども:よかった 親:「勉強しなさい」と言わずにすんだ。リラックスさせてあげられた。そんな自分に◎
PM8:30			
PM9:00			
PM9:30			
PM10:00			
PM10:30			
PM11:00	自分時間		
PM11:15	就寝		

どんな気づきがあったかな?

今日のひとこと

Empathy

共感力

共感力とは他者の立場になって思いやること、寄り添うこと。それが最も必要とされるのは子どもが塾から帰ってきて寝るまでの時間なのではないでしょうか？

子どもは家の外で一日戦って帰ってくるのです。
そして今日も「ただいま」と言って帰ってくるのです。
それだけで十分です。

家庭が最大の癒しの場所であり続けるからこそ、子どもは次の日も目を覚ますのです。そして「行ってきます」と出かけていくのです。また「ただいま」と帰ってくるために。

中学受験とはいえ、最も大切なのは「心身の健康」と「命」。
それを守り育むことが親の仕事。寄り添う、その見える化がこのスキルのリラックスと自分時間の作業です。

Day 18

Do

子どもの好奇心・主体性・自己決定感を高める声かけ

ワクワクを育てる「好奇心」と「自己決定感」

質問　中学受験の先にあるワクワクって何だろう？

ポイント　中学受験を子どもが自分ごと化して乗り切るには「ワクワク」と「自己決定感」が必要

スキル　「自分からやる子になる」ワクワク発見スキルと声かけ

「やるべき時にやるべきことをやる」よりも大事なこと

「やるべき時にやるべきことをやる」のは自分時間を最大に増やすためかもしれません。やるべきことをやった先に「ワクワク」があるからできる、やろうと思うから、やるのです。でも就寝前の自分時間15分よりももっと強力なモチベーションは、中学受験の先にある「これをやったらこんなワクワクがある」なのではないでしょうか。これを育むからこそ小学生であっても中学受験が自分ごとになり、言われなくても自分からやる子になるのではないでしょうか？

では自分時間15分よりもっと強力に中学受験を乗り切る子どもを応援する「ワクワク」とは一体なんでしょうか？

質問

中学受験の先にあるワクワクって何だろう？

自分からやる子の鍵は「自己決定」

自分で自分のことを決める力で人生の主導権を握っている感覚、自分で決めた道を進んでいる感覚を自己決定感と言いますが、これはやる気のある子どもや自分からやる人の鍵とも言えます。

人は自分で決めるから（自己決定感）責任を持ってやり、また自らやりたい（主体性）と思ってやる時に自ら行動し、やるべきことをやるべき時にやり、最高のやり抜く力を発揮します。自己決定感は「自分からやる」子の鍵となるのです。

例えばこんな声かけはどうでしょうか？

・ここに行きなさい
・偏差値が高いところに行けば将来のためになる
・この学校に行けば大人になってからいいことがある
・あなたのために言ってるのよ、だからいう通りにしなさい

これで中学受験を自分ごと化してやる気を持って頑張れ、といっても少し無理があるんじゃないでしょうか。それに自分で決めていないから、どこの学校に行ってもさほどワクワクしない。結局どこに行っても同じ……。それでは一体何のための中学受験なのか、何のために親子で頑張るのかがわからないのではないで

しょうか。

それほど自己決定感とはモチベーションの維持や中学受験後を生きる子どもにとって大切なものなのです。

そんな自己決定感の鍵を握るのは「ワクワク」です。子どもが自ら決めて主体的に行動してやり抜くためには「ワクワク」が必要になります。

ぜひとも子どもがワクワクを感じる中学受験に導いてあげましょう。そしてその後もワクワクして過ごせる中学生活に導いてあげましょう。

ではどうするか？　Day13の「この学校ワクワクするね」のスキルを応用して、子どもの中に「ワクワク」と「自己決定感」を生み出していきます。

スキル

「自分からやる子になる」ワクワク発見スキルと声かけ

スキルの目的

毎日の頑張りの先に何があるか、その全体像を見せてあげることで子どものワクワクを引き出し、決定権を子どもに渡して受験を自分ごと化し自らやる子を育む。それを導く声かけをするのがこのスキルの目的です。

スキルの説明

このスキルを身につけることの最大の利点は、これから続く人生でどんな時もさまざまな評価軸で物事を見つめ、可能性と選択肢を増やし、ワクワクを感じ「自分で決める」ことで生きていくベースが築けるということです。

Day17でハードルの低い「自分時間15分」というワクワク作りと「その時間で何をするのか」という自己決定感の練習をしました。**Day18**はその応用になります。ぜひとも今後の人生を真の幸せと成功に繋げる鍵「自分からやる子」になるためのワクワク発見・自己決定を導く声かけスキルを実践してくださいね。

追加のルール：NG声かけをしないことの徹底

やりがちな好奇心と主体性、自己決定感を阻害する4つの声かけをやめる。

・希望・期待の押し付け
・一つの正解の押し付け
・命令・指示
・子どもの意見の否定、批判、優劣・正しい・間違いの判断

トライ！

ワーク（P290〜291）

子どもと大人の決定的な違いは経験値です。柔軟性とオープンマインドな姿勢でDay13にリストアップしたいろんなワクワクする学校を紹介してあげましょう。その時、親の評価軸は見せないこと。子どもと一緒に学校見学に行ったり、通っている知り合いに話を聞いたり、インターネットで見たりして、子どもの「ワクワク」を育ててあげましょう。

ワクワク（評価軸）を引き出す声かけの例を紹介します。

・最初に目についた楽しそうなことは何？
・この学校に行くとどんな素敵な活動があるの？
・この学校には自分の好きな科目はある？
・この学校に行くとどんな面白そうなイベントがあるの？
・いいなあと思うこの学校の他との違いは何？

「どこの学校に行ってもこんなワクワクがある」。これが子どもの心に余裕と希望を生み出します。そしてどこを受験するかを親の意見を参考にしながら自分の意見も反映させたのであれば、きっと子どもは、複数校合格した時も、そうでなかった時も、ワクワクを感じながら自分で最終的に決めて通うことができるようになるでしょう。家庭にぐらいは偏差値という評価軸がなくてもいいと思うのです。だからこそ、それぞれの学校に関して「子どものワクワク」を書いていきましょう。そしてこのシートを常に見えるところに貼っておきましょう。

通える学校	ワクワク評価軸① 最初に目についた楽しそうなこと	ワクワク評価軸② 部活動やイベント	ワクワク評価軸③ 好きな科目	ワクワク評価軸④ 違い
私立A校				
私立B校				
私立C校				

トライ！

志望校それぞれの「ワクワク」を書いてみよう

子どもと一緒に志望校それぞれの「ワクワクすること」を書いていきます。親が誘導するのではなく、子どもが入学後楽しみに思えることを書いていきましょう。学校は偏差値順などではなく、あいうえお順で並べます。

NG

ルール	やりがちな好奇心と主体性、自己決定感を
声かけの徹底	阻害する4つの声かけを止める

- 希望・期待の押し付け
- 一つの正解の押し付け
- 命令・指示
- 子どもの意見の否定、批判、優劣・正しい・間違いの判断

どんな気づきがあったかな？

今日のひとこと

Consequence

結果

自分のワクワクを見つけて有言実行することが最高に自信を高めます。自分で決めて、実行する。自分で決めたから、自分にとって意味があるから責任を持って最後までやり抜く。そうすることで、結果がどうであっても、そのConsequence（結果）を背負って生きていける。

中学受験をする子どもが最終的にすることがこれなのです。何ともすごい作業です。大人と変わりません。いいえ、それ以上かもしれません。そう思うと中学受験、そしてその後のワクワク探しを早く手伝ってあげたいですよね。子どもの声に耳を傾けよう、気持ちを尊重してあげよう、と思えてきますよね。

それがどんなに親の期待や希望と違っていたとしても。

だって、結果を背負って生きるのは、親じゃなく、最愛の我が子なのだから。

Day 19

NG

救済するのをやめる

親として一番辛い作業をあえてやる意味

質問　救済するとは機会を奪うことかも？

ポイント　子どもが苦しい時こそ見守る親になる

スキル　心が折れない子どもを育むために「待つ親」になるスキル

子どもには失望を感じる時間も必要

勉強をしなくて点数が伸びないこともあるでしょう。一番行きたかった学校に行けないこともあるでしょう。でも、そんな時に失望から我が子を救済するのはやめましょう。

「え？　でもこういう時こそリフレーミングで、ダメなところに良いところを見つけてあげるべきなんじゃないの？」

おっしゃる通り。でもそれをするのは親ではなく、子ども自身です。Day20でそんな声かけができるように導くスキルを学びますが、まずここでは親が子どもを救済することをやめて、転んだら自分で起き上がれる子に育つように、「見守る」ことを身につけます。

本書では中学受験を通して、子どもの非認知能力を育てることを育み、最高の学びと成長を感じてほしいと願っています。そして中学受験の準備期間、中学受験のその日だけではなく、受験以降の彼らの人生も豊かで幸せな成功に満ちたものにできるプロセスを身につけることが目標です。だからこそ、あえて子どもが困難ぶつかってもすぐに手を差し伸べない。子どもが苦しむ姿を見るのは親にとっても苦しいことです。でもあえて手放すことで子どもが自分で立ち上がる機会を与えてあげてほしいのです。

質問

救済するとは機会を奪うことかも？

見守るマインドセット＝この子はきっと大丈夫

子どもはなにもできない存在ではありません。ただ「やったことがない」「やり方を知らない」「教えてもらってない」「慣れていない」だけ。ですから時間はかかるかもしれませんが、やればできるようになります。だからこそ、「できるようになる」機会を奪わないようにします。立ち上がろうとする子どもを救済するのは、彼らが自分の力で立ち上がる力を学ぶ機会を奪うことなのです。大切なことは、「この子はきっと大丈夫」と信頼して任せ、見守り、本当に必要な時に必要なサポートを与えることです。ここで覚えておいてほしいのは以下の３つです。

・すぐに救済する代わりに、待つ
・自己開示することで相談しやすい環境を作る（Day20で学びます）
・子どもが相談してきた時に耳を傾ける

この環境を作るだけで子どもに変化が芽ばえ始めるはずです。

スキル

心が折れない子どもを育むために「待つ親」になるスキル

スキルの目的

子どもの、自分で自分を救済する力「レジリエンス（回復力）」を育むために「待つ親」になるのがこのスキルの目的です。

スキルの説明

ここでの作業は見方をかえるリフレームの徹底です。Day2のリフレームのスキルを使って「救済する」を「信じて待つ」という別の視点で見てみましょう。そして「信じて待つ」実践をしましょう。見守るというのは親にとって最も辛い作業でしょう。特に子どもが自分で自分を立て直すのを見守るのは。でも生きるためには必須の作業です。生きるとはそもそも大変なことですから。

中学受験の準備期間は点数で存在や価値が毎日のように測られます。良いことばかりじゃありません。親がどんな時もいつまでも救済できるわけではありません。心が折れない鍵、レジリエンスを育むために、子どもを信じて待って見守る親になりましょう。

ちなみに中学受験の準備期間は、レジリエンスを育むには最適です。小テストの点数が取れなかったという小さな事から、仲の良い友だちに成績で差をつけられたという大きな事まで子どもにとって落ち込むようなことは日々あります、小さな挫折から自分の力で復活することで、徐々に回復する力が強くなっていくことでしょう。

トライ!

ワーク（P299）

子どもが「どうしたらいいだろう」と困っている様子を見せた時、差し伸べたなる手を一旦収めて、「救済する」から「信じて待つ」実践をします。この一連の流れの中で、あなたにどんな気づきがあったか書きましょう。

トライ!

子ども自身が回復力を育むための「待てる親」になるワーク

子どもが困っていると思われる時、すぐに口を出したり、手を貸すのではなく、一旦「待つ」という姿勢になるための思考法を身につけます。「助けてあげようかな?」と思ったらリフレームすることを思い出して「この子は大丈夫」と考えるようにしましょう。

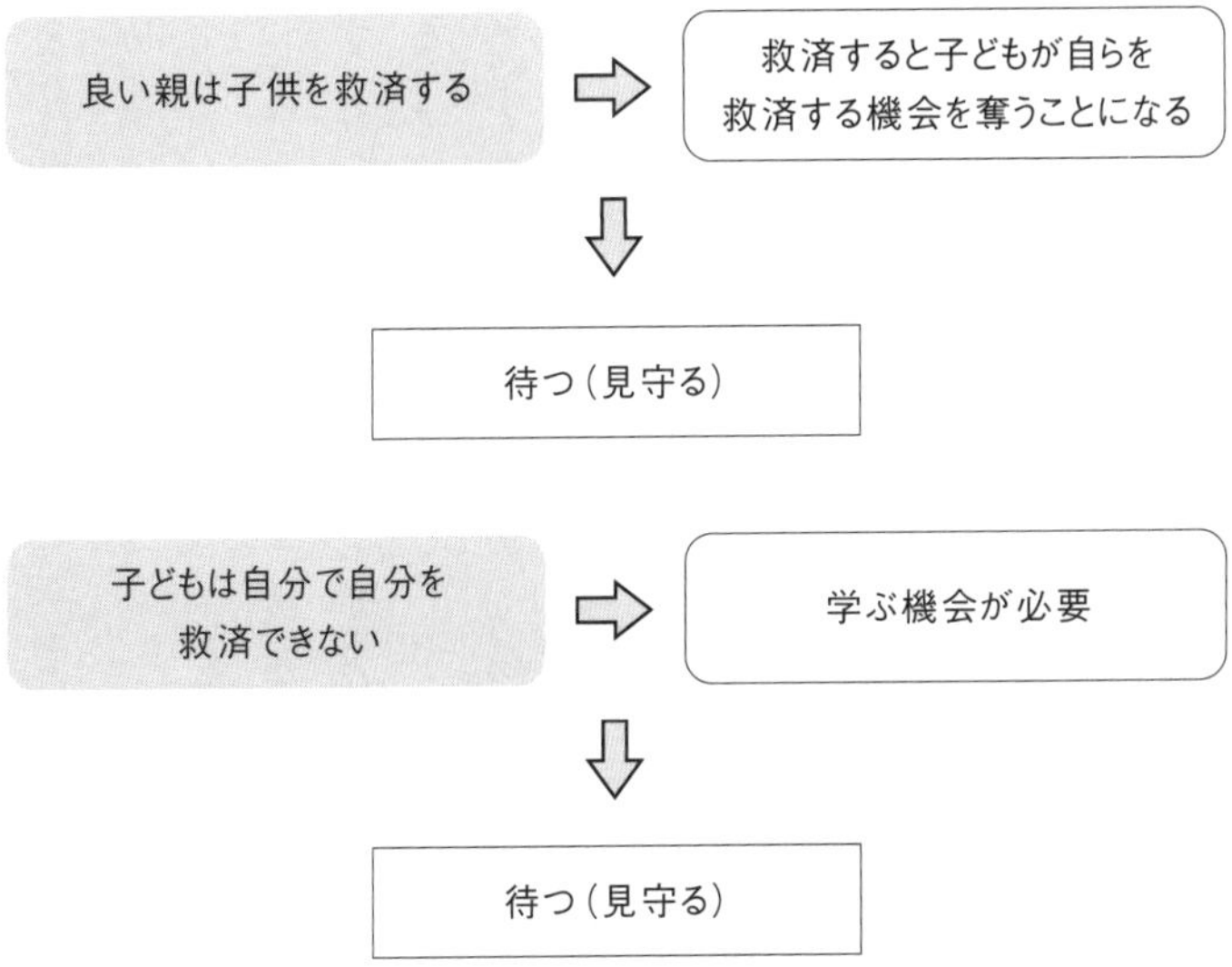
良い親は子供を救済する
救済すると子どもが自らを救済する機会を奪うことになる
待つ（見守る）
子どもは自分で自分を救済できない
学ぶ機会が必要
待つ（見守る）

どんな気づきがあったかな?

今日のひとこと

Believe in Kids

子どもを信じる

子どもは大人が思う以上に強い。そして、大人が思う以上のポテンシャルがあります。

何でもかんでもお膳立てして、子どもが自分で解決する機会を奪うことは、子どもを助けるどころか、彼らを折れそうに弱い存在にしてしまいます。転んだら、1人で起き上がる代わりに助けが来るまで転んだままになってしまうでしょう。

「これはとんでもなく大変そうだ」という時以外は、子どもを信じて、まずは待つ。助けを求めてきたら救済の手を差し伸べる。

Remember、すぐに救済するのは子どもが回復力を身につける機会を奪うことであることを。

Remember、子どもは大人が思っている以上に能力があるということを。

Remember、子どもはできないのではなく、「やったことがない」「慣れていない」「教えられていない」「やり方を知らない」だけだということを。

Day 20

Do

折れない心の鍵は子どもの回復力を高める声かけ

自分で自分を認めることだけは、常に自分のコントロール下にある

質問 100点じゃなきゃダメ? 一番じゃなきゃダメ?

ポイント 結果ではなくプロセスを認める声かけで自己承認力を高める

スキル 自己承認で子どもの回復力を高める声かけスキル

他者承認と自己承認

承認欲求には他者に認められたいという他者承認と、自分で自分を認めてあげる自己承認があります。他者承認欲求の弱いところは自分では他者の評価をコントロールできないということです。反対に自己承認は自分で自分を認める力ですから、自分のコントロール下にあります。

質問

100点じゃなきゃダメ？ 一番じゃなきゃダメ？

私たちには「認められたい」という基本的な欲求がありますが、他者がいつだって自分の頑張りを認めてくれるとは限りません。わかってくれるとも限りません。努力を見ていないこともあるでしょうし、点数しか見えていないこともあるでしょう。「99点じゃあ1点足りないからダメ」という否定的な評価を受けることもあるでしょう。

他者承認に頼っていると、自分への評価を他者に委ねることになります。それでは他者の評価次第で自分の価値も存在も定まらず自己肯定感も安定しません。子どもが自己肯定感を高めるためにも、どんな時でも彼らが自分自身のことを認められるようになることを習慣にしましょう。そこで効果的なのが親の自分自身に対する「自己承認の声かけ」です。

「こんな風に言いましょう」と言い聞かせて子どもは学ぶのではありません。親がやっていることを見様見真似で子どもは「そういうものだ」と実践していきます。これからの大変な人生を、どんな時も力強く生き抜くヒントとなる「自己承認の声かけ」です。子どもの前で実践しましょう。

自己承認力を高める、プロセスを認める声かけ

自分のことを認めてあげる声かけの鍵は、結果ではなくプロセスを認めることです。なぜならプロセスは100%自分でコントロールすることが可能だからです。結果は100%自分でコントロールできません。どんなに努力しても報われないことがあります（欲しい結果が得られない）。そうすると失敗した結果だけがフォーカスされ「失敗した自分はダメだ」と自分を認めることができず、自己肯定感を低くしてしまいます。

行動・プロセス
↓
100％コントロール
↓
達成感
↓
自己肯定感アップ
↓
次につながる（さらなる挑戦、問題解決）

受験生のうちはテストの点数、塾のクラス分けなど他者からの評価の連続です。その度に一喜一憂していては心が疲れるばかりです。大事なのは子どもが「結果がどうであれ、自分はベストを尽くした」と思えるように心が働くことです。これが自己承認で、結果はどうあれ受験を成功体験にする鍵となる力です。またその達成感を得るために「頑張る」という良い行動を繰り返し、習慣化しやすくなります。

スキル 自己承認力で子どもの回復力を高める声かけスキル

スキルの目的

プロセスを認めることで結果にかかわらず努力を肯定し自己肯定感を保つ。

スキルの説明

Day2リフレーミング（P98）の応用です。結果が出せなかった時に私たちは落ち込みます。そうやってどんどん自己否定の沼に陥っていきます。リフレーミングではそんな中にも良いところを見つけていくことで、自己肯定感をキープすることを学びました。これを子どもに落とし込んでいきます。どんな時も自分で自分を認めるとはどういうことかを親の行動から見せて、子どもを導いてあげましょう。

ここで効果的なのが、親が自分の失敗談をあえて自己開示することです。どんな時も自分の価値を肯定する姿を見せることで、子どもの自己承認のロールモデルになっていきます。

トライ！

ワーク（P308～309）

一日一回、親が「今日、こんなことやらかしちゃったんだよね」とうまくいかなかったことの自己開示をします。小さなことでいいのです。今日から1週間、続けましょう。例えば「ゆで卵を作っていたらやけどした。ちょっと落ち込んだ」という失敗を子どもに伝えます。そして次に、失敗はしたけれど、プロセスを抜き出し肯定します。「でも料理が苦手なのにやってみたってことはすごくない？」というように（実はこれ、私の本当にあったことです……）。

ネガティブなことはなかなか打ち明けにくいものですが、自己開示をすれば相手も自分のことを話しやすくなります。特に子どもは親によく思われたい気持ちが強いので、うまくいかない時ほど口が重くなるでしょう。そんな時も親が「こんなダメなことしちゃったんだ」「こんな失敗をしてしまった」と自己開示すれば、子どもは「ネガティブなことは悪いこと」ではなく、「話してもいいこと」と捉えるようになり、ネガティブな体験からでも頑張った自分を発見していけるようになります。そうすることで自ら自己肯定感を保てるようになっていくのです。子どもがロールモデルの真似をして自己開示した時はプロセスを肯定する声かけをしてあげましょう。

・やってみただけでもすごいよ
・挑戦したんだね
・できて当たり前なんてないよ、やったことが大事だよ
・どうやったらうまくいくか考えているところがさすがだね
・できたこともある？
・大変だったのはどんなところ？

どんなに小さな事でも、子どもが頑張ったことを挑戦したことを、言語と非言語を使って声をかけてあげましょう。徐々に子どもは自己肯定感が保てるようになるはずです。

今日から1週間	パパの今日の自己開示	肯定したプロセス	子どもの自己開示	プロセスを肯定する声かけ
Day20				
Day21				
Day22				
Day23				
Day24				
Day25				
Day26				

例

今日から1週間	ママの今日の自己開示	肯定したプロセス	子どもの自己開示	プロセスを肯定する声かけ
Day20	ゆで卵を作るの失敗しちゃった	料理が苦手なのにやっただけ偉いよね	塾の宿題やるの忘れていたよ	でも気がついたからよかった
Day21	電車の遅延で打ち合わせに遅刻した	でもその分打ち合わせについて考えられた	テストで50点だった	でもベストは尽くした
Day26				

どんな気づきがあったかな？　パパ

トライ!

子どものロールモデルになるため パパとママも自分の失敗などをあえて話しましょう

親の期待を感じているからこそ、子どもは失敗を口にするのを恐れてしまいます。だからこそあえて親が「失敗したこと」「ちょっと困っていること」、そして、「それでもなんとか頑張ったよ」という話をしてあげましょう。子どもが失敗をしても頑張れる自分を自身で探せるようになる手助けをします。

今日から1週間	ママの今日の自己開示	肯定したプロセス	子どもの自己開示	プロセスを肯定する声かけ
Day20				
Day21				
Day22				
Day23				
Day24				
Day25				
Day26				

どんな気づきがあったかな? ママ

....

....

今日のひとこと

Validation

承認

「自分は自分でいい、そんな自分だからこそ価値がある」そうやってどんな時も自分の存在と価値を認めることができるのは自分だけです。

できなかったことがあっても、点数が下がったとしても、今日も頑張った自分がいる。自分はそれを知っている。だから「そこ」を認めてあげる。

たとえ他者が認めてくれなかったとしても、自分だけは自分を肯定することができる。それだけで十分なのです。

コーチングではその行為をValidationと言いますが、自己肯定感を保つために必須の作業です。

ぜひValidationを見せてあげて下さいね。

子どもが自分で自分に「それでいいよ」とハンコを押すことを習慣化するためにも。

Day 21

Do

最強最愛の家族の鍵「ありがとう」でチーム力を高める

瞬時に自己肯定感をアップするシンプルなマジックワード

質問　愛とリスペクト、見える化していますか？

ポイント　「ありがとう」は自己肯定感を高める

スキル　おやすみ前の「チーム○○ありがとう」スキル

家族のチーム力を高める鍵は愛とリスペクト

「ありがとう」。そのひとことをあなたはどんな時に言いますか？　それは何かをしてもらった時？　助けてもらった時？　感謝を示す時？　どんな時でも「ありがとう」を言われた方は「自分が誰かの役に立った」と感じます。この気持ちを自己有用感と言いますが、これは自己肯定感、つまり自分をポジティブに見る力を高めると言われています。それも瞬時に。また「ありがとう」を言った方も、きちんと感謝できる自分を肯定的に見ることができますよね。

質問 愛とリスペクト、見える化していますか？

こんなに素敵な言葉、使わないなんてもったいないです。「ありがとう」という言葉は相手に対する「愛」と「リスペクト」の見える化です。そしてこの言葉が相手に「見える」、つまり「伝わる」ことで生まれるのがお互いに対する「信頼」です。

最も効果的に気持ちを伝えるのは、その場ですぐに「ありがとう」と言うこと。でもそれ以外にももう一つ、とっても効果的な時があるのです。それは寝る前。つらいことや大変なことがあった日も夜、寝る前に聞く「ありがとう」のひと言で、家族の愛が全てを包んでくれるのです。

スキル

おやすみ前の「チーム○○ありがとう」スキル

スキルの目的

愛とリスペクトの見える化を習慣化するのがこのスキルの目的です。

スキルの説明・ワーク

お互いを労わるために毎晩寝る前にお互いの顔を見て「ありがとう」と言う。気恥ずかしければ最初の頃は書いて渡してもOK。書いて冷蔵庫にマグネットで留めておく。LINEなどでありがとうを送るのもいいですね。今回の最終目標は家族全員で「ありがとう」を言うことです。最高に素敵な気分で眠りにつけば、朝も素敵な気分で目を覚ますことができます。そんな気分で始める1日だからこそ頑張れます。

3週間チャレンジの集大成は、5秒で実践できる最もシンプルなスキル。でも、最もパワフルなスキルです。これから中学受験が終わるまで毎日続けてくださいね。そしてやったかどうかを記録しましょう。今使っている手帳に記入してもいいし、カレンダーにチェックマークをつけてもいいですね。紙に書いてみんなが見えるところに貼っておくのも良いでしょう。自分たちに合う方法を探してみてくださいね。

今日のひとこと

Gratitude

感謝の気持ち

ありがとう、に勝る言葉はない。そう思っています。
だって誰かの役に立ったと思えるほど幸せなことってないから。
それが愛する誰かのためならこれほどうれしいことはありません。
喧嘩したりして「ありがとう」なんて思えない時もあるかもしれない。
でも喧嘩できるのも相手あってこそ。1人じゃ喧嘩もできません。
だからそんな時はそこにいてくれることに
「ありがとう」を言ってみてね。
「ありがとう」を言える相手がいるって、それだけで幸運なことだから。

Week 3の振り返り

子どもと一緒に子どもの未来を計画する喜び

自分への向き合い方を民主型にして、声かけを肯定・受容・尊重・寛容ベースにすることを知ったあなた。あとは繰り返し実践することで習慣化するだけです。中学受験はチーム力の勝負と言われます。

大丈夫、最初の1週間で自分に向き合い、2週目で子育てチームに向き合って自己肯定感、自己効力感、自制心、主体性、柔軟性、楽観性、共感力、協働力、社会性など非認知能力を身につけ始めたあなたならできる。最強最愛の家族というチームを作り、チーム力で目標達成できる。大きな「目的」を達成するために。

Week 3での3週間チャレンジ後の自分

＊ここはWeek3が終わった後に読んでね。

どんな変化があったかな?

家族のチーム力を強化するためのWeek3が終わりました。スキルを実践してみて、どんな変化を感じますか?

Week1で自分に向き合った時からスキルを実践してきて、あなたは今ここにいます。思考と行動の習慣を変えるには最低21日かかると言われますが、あなたが自ら選んだ『中学受験×非認知能力』という新しい思考と行動の習慣に触れてからすでに21日が経過しています。

振り返ってみてどんな変化を感じますか?

ここでまた「子どもへの声かけ現状認知クイズ」をやってみましょうね。ひとつ減らせたかな? もしかしてゼロだったかも? 大丈夫。時間をかけてゆっくり減らしていこうね。「時間がかかるな」という見方もあるかもしれないけど、時間をかけるからこそ強固になる。

ここまで本当に頑張ったね。そして大切なのは、ここでやめないこと。

So, keep on going!　Yes, you can.

トライ!

3週間後の子どもへの声かけ現状認知

P250の「子どもへの声かけ現状認知テスト」をもう一度見直してみましょう。3週間経った今どんな変化がありましたか?

言語(声かけ)

思い込みを押し付ける・植え付ける

□あなたのためを思って言ってるの
□親が言う通りにすればいいの
□この学校にしなさい
□最低でもこの偏差値の中学には受かってよね
□こんないい経験させてもらえるんだからちゃんとやってよ
□ママの時は、パパの時は、できなかったからこそやらせたい
□ママはこんなに頑張っているのにどうしてあなたは頑張れないの

過小評価・存在の否定

□なんでできないの
□どうして何回も間違うの
□なんでもっと頑張れないの
□どうせ無理なんだから
□いいよできなくて
□あなたは〇〇が苦手だから
□いつも肝心な時に力を出せない、体調を崩す、本番に弱い
□落ちたら終わり

比較

□クラスが一つ下になったなんて恥ずかしい、ダメじゃない
□お兄ちゃんはできたのに、どうしてあなたはできないの
□〇〇ちゃんは〇〇中学に受かったんだってね
□〇〇に落ちたなんて恥ずかしい、〇〇に行くなんて恥ずかしい

非言語(行動)

縦の親子関係

□親である自分のやり方は絶対だと思っている
□子どもの声に耳を貸さない
□子どもが何か言うと「口答え」「反抗」と感じる
□親の言うことを聞くのが「良い子」だと思う
□口では良いことを言っても心では諦めたりネガティブなことを考えている

親子の人格の同一化

□子どもの評価は自分への評価だと感じる
□私の子どもだからだめなんだ
□私の子どもだからできるはず

どんな気づきがあったかな? 3週間前よりいくつ減ったかな?

3週間チャレンジを振り返って第3週目の現状認知をやってみて思うことを記入しましょう。

終　章

『中学受験×非認知能力』の実践が作り出す「あること」

～中学受験が作り出す
「人生を幸せと成功に導くプロセス」～

あなたが手に入れる
この本の「最終目的」

ここまで本当に頑張ったね。

I am so proud of you!

だから最後にこの本の「最終目的」という種明かしをします。あなたはそれを手に入れるためにここまで頑張ってきたのだから。あなたは愛する我が子にこれを贈るために頑張ってきたのだから。

それぞれの非認知能力が作り出す連鎖

非認知能力には本当にたくさんの能力がありますが、本書では中学受験に必要だと思われる代表的な12個を選んでいます。というのもこれらが素敵な連鎖を生

中学受験に必要な12の非認知能力の連鎖

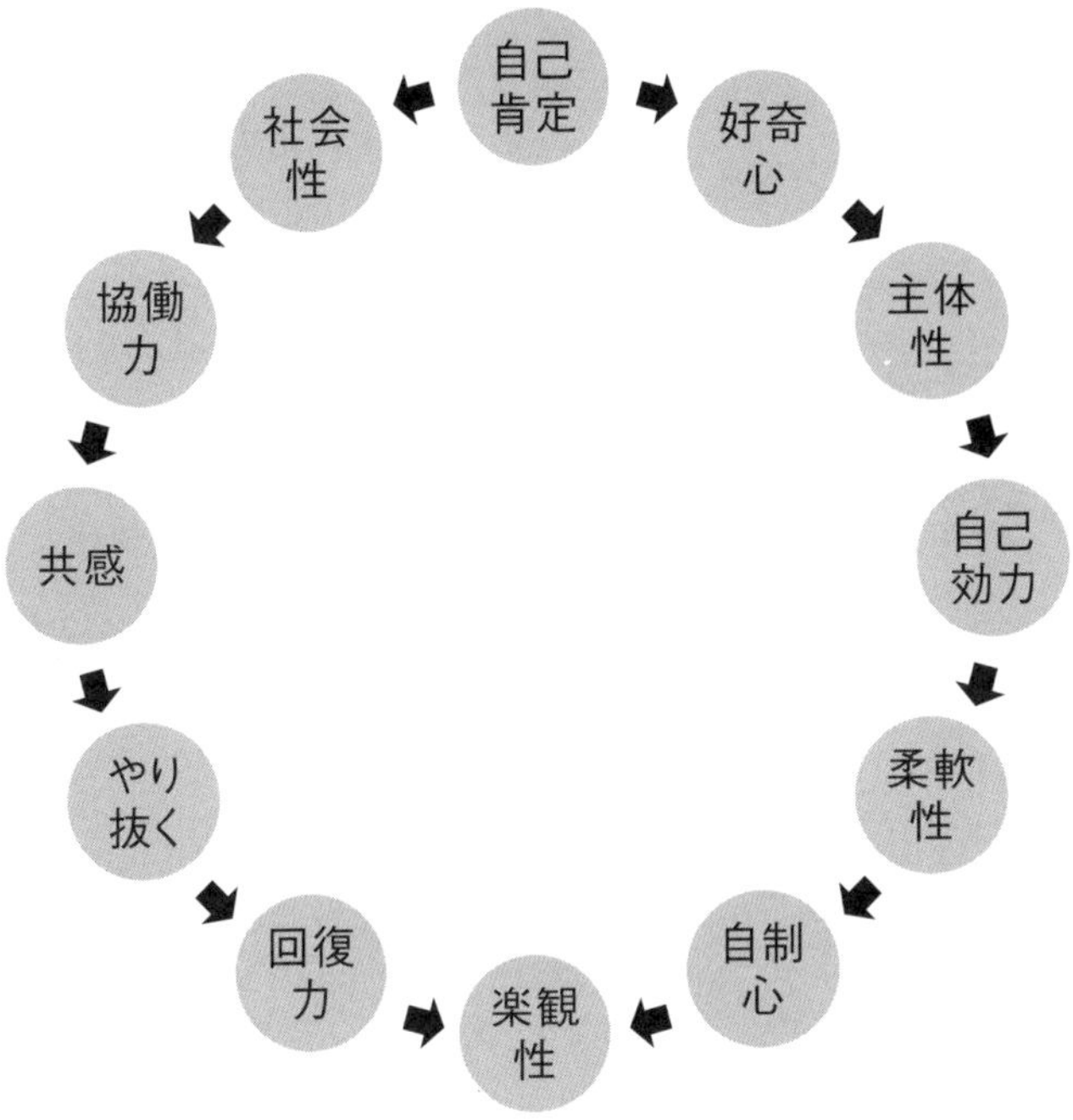

み出すからです。

非認知能力が備わっていると、「大切にしたい自分」だからこそ、自分がやりたいと思う「ワクワクを見つけたら行動」に出ることができます。その時に「失敗したらどうしよう」という思いが胸をよぎったとしても、「きっと大丈夫」と思って一歩を踏み出せるのです。もちろん困難にぶち当たることもあるでしょう。だってやったことがないことや、今の自分にはちょっと難しいレベルのことに挑戦しているのですから。

でも、そんな時も非認知能力があればいろんな角度から問題を眺め、解決策を考えていきます。しかも、そこで「もうだめだ！」と投げ出さずに「自分で決めたことだからやろう」、「きっとなんとかなる、なんとかできる」という明るい希望とともに行動します。

それでもうまくいかないこともあります。でも、彼らはどんな時でも自分を励まして諦めることはないはずです。なぜなら、そんな自分を温かく見守って、時に助けの手を差し伸べてくれる家族や友人が周囲にいることを知っているから。その心強い応援を胸にやり抜くことができるのです。

非認知能力が作り出す幸せと成功のプロセス『BYBS NCS サイクル』

この連鎖（P321の図）を見てどう思われますか？　日常の多くの問題はこのプロセスで乗り越えられると思いませんか？　目標もきっと叶えられると思いませんか？　叶わなかったら目標を一つ下げて、確実に本当に辿り着きたいところに自分で自分を連れて行けると思いませんか？

一つ一つの非認知能力を育成していくことで、こんな素敵な連鎖を生みだすことが可能なのです。これを私は幸せと成功のプロセス『BYBS NCS（Non Cognitive Skill）サイクル』と名付けています。プロセスは繰り返すことによってより再現性が高まります。そして毎日このプロセスを繰り返すことでこのプロセスが自分の「普通」になっていきます。そうすることで何があってもどんな時でも、自分で自分の人生を切り開いていけるようになっていくのです。

中学受験は『BYBS NCS サイクル』を作り出す絶好の機会

中学受験準備の期間は年齢的なことを含め非認知能力を育成する最適の機会でもあると序章で言いました。日々テストがあって、毎回その評価を受けて、毎日のように宿題があって、常に自分が試される期間だからこそ、このプロセスを作る最高の機会になり得ます。例えばこんな風に子どもたちは非認知能力を育んでいけるのです。

・周りの評価にかかわらず自分に価値を認めることができる**自己肯定感**
　↓どんな時も自分は大事な存在だと思うことができる

・自らやる**主体性**と**好奇心**
　↓自分ごとの受験
　↓学びに対するワクワク

・「どうせ無理」より「やってみなくちゃわからない」**自己効力感**
　↓やる前から諦めない

・柔軟に問題解決を図っていく**柔軟性**

↓できないことがあったら「どうしたらできるようになるか」を考える

・感情と行動をコントロールして自分で決めて行動する**自制心**
↓やる気が出ない時、できなくて癇癪を起こしそうになった時、自分を律することができる

・八方塞がりにならない**柔軟性と楽観性**
↓選択肢を考えられる
↓きっと次は大丈夫、と希望を持てる

・凹んだ自分を回復させることができる**回復力**
↓テストの点数が悪かった時などいつまでもクヨクヨせず行動する

・困難にぶち当たっても粘り強く、諦めない**やり抜く力**
↓新しい問題、難しい問題にぶち当たっても粘り強く学ぶ

・相談できる人、応援してくれるチームがいる**共感力・協働力・社会性・コミュニケーション力**
↓わからなければ聞くことができる。励ましてくれる仲間や友人、家族がいる。ダメな時もきちんと自分の価値を認めてくれる家族がいる

↓リスペクトと共感力ある対話で築く良好な人間関係

中学受験準備期間中は否が応でもこの連続が毎日やってきます。だからこそ結果的にこのプロセスが作りやすいのです。

このプロセスを作ることで中学受験を最高に有意義なものにすることができると考えるのは私だけでしょうか？　そして、中学受験後も、ポジティブさを持ち、チャレンジ精神とともに新しい環境に飛び込んでいけると思いませんか？

プロセスを知り、体験し、再現することで、サイクルを自然と回せるようになれたら、子どもはどんな時も幸せと成功へと自らを導くことができるようになるでしょう。子どもだけじゃない、大人であるあなたにとっても。

そう、本書を通して伝えたかった「最終目的」は、子どもも、そして大人も『BYBS NCSサイクル』を身につけて、中学受験だけでなく、その後の人生をどんな時も自ら切り開いていく力を手にすることだったのです。「自分だからできる」という自信を感じてもらうことだったのです。

生きるとは大変な作業

今の小学生が大人になるころには今よりもっと変化が加速した、全く違った世界が広がっていることでしょう。そこでは親の経験などきっと役に立たない。何しろ世の中は前例のない、正解のない問題にあふれているでしょうから。

でも、そんな時に子どもを守るのが、非認知能力の育成で作り出したこの「幸せと成功のプロセス」です。これこそが、人生100年時代において変化の波に飲み込まれる代わりに乗りこなし、力強く生きていくための最強の武器となってくれるでしょう。

そうして「真の勝者」となっていく。

本書の最後に、中学受験を家族で乗り切るために、そして中学受験後の子どもの人生のために最も大切な究極の質問を用意しました。今のあなたなら何と答えるでしょうか。

おわりに

「勉強なんかして、いいことあるの？」
子どもにこう聞かれたら
〜究極の質問〜

親の仕事はワクワクと生きる姿を見せること

ここからが始まり

アメリカでは大学の卒業式を「Commencement（始まり）」と言います。私がこの言葉をとても気に入っているのは「卒業」と言うとそこでおわりという感じがしますが、「始まり」には希望を感じるからです。

そしてあなたにとっても、ここが「Commencement」。いつだって「始まり」の気持ちで、これまで学んできたスキルの中からそれぞれの週でいくつか好きに選んで実践していってくださいね。そして確実に幸せと成功のプロセス『BYBSNCS サイクル』を習慣化していきましょう。

DOのスキルでもNGのスキルでも、今の自分に一番必要だと思われるもので、「やりたい」と感じるスキルを選んでください。「やりたくない」と思うものは続きませんからどんなに必要だと思ってもそのスキルを選ぶことに意味はありません。それに本当に必要だと思ったらきっと「やりたい」と思うでしょうから。そうなるまで待つのもあり、です。選んだスキルは**Day14**の表（P228）に記入するとより継続しやすくなります。

自分でスキルを選んで実践し、やったかやらなかったか、どう感じたか、やらなかった理由は何か、を記録してその結果を踏まえてさらに行動していくことをセルフコーチングと言いますが、ぜひとも自分が自分のコーチとなりスキルを実践してみてください。

本書を見なくても、「こんな時はこのスキルだ！」という具合にできるようになったら別のスキルに移りましょう。そうして一つずつ使えるスキルを増やしていってくださいね。

さあ、あなたは幸せと成功のプロセス『BYBS NCS サイクル』を手に入れるために、最初にどのスキルを選ぶのでしょうか？　愛する我が子に『BYBS NCS サイクル』を贈るために、どのスキルを継続するのでしょうか？

「勉強なんかして、いいことあるの？」

最後に私からあなたへプレゼントがあります。それは究極の質問。これにあなたは何と答えるのでしょうか？

親は子どもに「勉強しなさい」「勉強するといいことがあるから」「勉強は役立つんだよ」「将来のためだから」と何度も何度も言います。そんな時、子どもにこう聞かれたら、あなたは何と答えるのでしょうか？

答えに詰まる？　そうかもしれませんね。なぜってこれは「言葉で答えるようなことではない」のでしょうから。代わりに答えは「見せる」ものだと私は思うのです。大人は「中学受験というゴールの先には一体何があるのだろう？」を見せるのです。つまり生きる私たちの姿です。

・「大人」を生きる親
・ワクワクと生きる姿、幸せに生きる姿、成長して生きる姿
・明るい未来を見せられる親

そんな親の姿が子どもの「なんのために勉強するのだろう」「なんのために中学受験するのだろう」の答えになるのではないでしょうか？　そしてそれが過酷な中学受験をやり抜く力を最大にする鍵なのではないでしょうか？　そう、究極の親の仕事はワクワクと生きる姿を見せることなのです。

ワクワク、してる？

激変の人生１００年時代では大人こそ非認知能力が問われます。だってあまりにも変化が激しくてリスキリングしていかないとおいていかれてしまうから。そのために最も有効なリスキリングは技能の習得ではなく、マインドセットのアップデートです。それが非認知能力を身につけるということ。

本書を通じて非認知能力を育むことで手にした幸せと成功のプロセス『ＢＹＢＳＮＣＳサイクル』があれば、何があってもどんな時も、自ら人生を切り開いていけます。八方塞がりになんてなる代わりに、きっと解決策を見つけることができます。

そのためにもいっぱい冒険して、いっぱいワクワクしましょう。

本書を最後まで読み終えたあなたは失敗も、批判も、知らないことも、人と違ってしまうことも怖くない自分になれるはずだから。

あなたには冒険の準備ができています。

そんな最高に素敵な自分と一緒に、最高に素敵な人生を作り上げて、幸せと成功のプロセスで自分史上最高の自分を生きていこうね。そして、そんな最高の人生を自分で切り開ける子どもを育てていこうね。

頑張るあなたを応援しています。本書を我が子を全力で愛するあなたに贈ります。本書を通じてあなたに伴走する機会をコーチ重子に与えてくれて本当にありがとうございました。

心からの感謝を込めて

『受験×非認知能力』という一見相反するようなコンセプトに賛同してくださり、この素晴らしい機会をくださったKADOKAWAの小林紗弥香さん、そして川田央恵編集長に心から感謝しています。この本が受験で悩む親子のバイブルとなりますように。

この本が世に出るまで力を貸してくれた編集協力の知野美紀子さんはじめ、校正そしてデザインのご担当者様、そしてご協力くださった多くのみなさま、本当にありがとうございました。

今日私がここにあるのは、ひとえに「認知＋非認知は日本を変えるムーブメント」を胸に、日々日本全国そして世界で一緒に活動しているボーク重子認定非認知能力育児コーチ、ボーク重子認定非認知能力マスターコーチという最愛のＢＹＢＳシスターズ、そしてシスターズと私を支えてくれる長瀬顧問がいるから。シスターズとともに「ＢＹＢＳ非認知能力を育む子育て３ヶ月チャレンジ」を学び非認知能力を育むＢＹＢＳベイビーズのみんながいるから。ＢＹＢＳ開発のプログラムを通じて、一緒に非認知能力を身につける仲間になってくれるみんながいるから。そしてＢＹＢＳのミッションに賛同して応援してくれるみんながいるから。

本当にありがとう。Together we go far. 一緒だから遠くに行ける。これからもどうぞ応援よろしくお願いします。より明るい、より自分らしく幸せに生きていける社会のために。

最後に私の活動を全力で支えてくれるティムとスカイに心からの愛を込めて。

Be Your Best Self!

Love you all.

2023年12月　コーチ重子

ボーク重子《しげこ》

英国で現代美術史の修士号を取得後、1998年渡米、結婚、出産。2004年に中国現代アートを中心としたアジア現代アート専門ギャラリー「Shigeko Bork mu project」をワシントンD.C.にて起業。15年の社長業の後、セカンドキャリアとして非認知能力育成専門コーチングで再度起業。現在、非認知能力を育むことが証明されているSEL（社会情緒的教育）ベースの革新的BYBSメソッドを採用したコーチング会社2社（日米）の代表を務める。非認知能力を育む学校教育、家庭環境で育った娘・スカイは、2017年「全米最優秀女子高生」大学奨学金コンクールで優勝。その後、初の非認知能力育児本を出版、以来非認知能力育成のパイオニアとして知られる。近年は、激変の時代に必須の生きる力「非認知能力」を理解するだけでなく、実践に落とし込み確実に身につけることで幸福度、学力、生産性を高めるプログラムを家庭、教育機関、企業、自治体に提供している。2023年には40年以上の歴史がある学研教室（指導者数7,000名、会員20万人弱）の指導者向け非認知能力育成コーチングプログラムを開発、指導。現在約140名のBYBS非認知能力育児コーチが在籍中。ミッションは「認知＋非認知は日本を変えるムーブメント」。

Instagram　@shigekobork

子《こ》どもを壊《こわ》さない中学受験《ちゅうがくじゅけん》

我《わ》が子《こ》を上手《じょうず》に導《みちび》けるようになる3週間《しゅうかん》チャレンジ

2024年1月17日　初版発行

著者　ボーク　重子《しげこ》

発行者　山下　直久

発行　株式会社KADOKAWA
〒102-8177　東京都千代田区富士見2-13-3
電話　0570-002-301（ナビダイヤル）

印刷所　図書印刷株式会社

製本所　図書印刷株式会社

●お問い合わせ
https://www.kadokawa.co.jp/（「お問い合わせ」へお進みください）
※内容によっては、お答えできない場合があります。
※サポートは日本国内のみとさせていただきます。
※Japanese text only

定価はカバーに表示してあります。

ISBN 978-4-04-606610-7 C0037